BEI GRIN MACHT SICH WISSEN BEZAHLT

- Wir veröffentlichen Ihre Hausarbeit, Bachelor- und Masterarbeit

- Ihr eigenes eBook und Buch - weltweit in allen wichtigen Shops

- Verdienen Sie an jedem Verkauf

Jetzt bei www.GRIN.com hochladen und kostenlos publizieren

Linda Molitor

Die Grüne Hölle als Segen? Der Nürburgring und seine wirtschaftlichen Auswirkungen auf Adenau und Umgebung von 1925 bis 1939

GRIN Verlag

Bibliografische Information der Deutschen Nationalbibliothek:

Die Deutsche Bibliothek verzeichnet diese Publikation in der Deutschen National-
bibliografie; detaillierte bibliografische Daten sind im Internet über http://dnb.d-
nb.de/ abrufbar.

Dieses Werk sowie alle darin enthaltenen einzelnen Beiträge und Abbildungen
sind urheberrechtlich geschützt. Jede Verwertung, die nicht ausdrücklich vom
Urheberrechtsschutz zugelassen ist, bedarf der vorherigen Zustimmung des Verla-
ges. Das gilt insbesondere für Vervielfältigungen, Bearbeitungen, Übersetzungen,
Mikroverfilmungen, Auswertungen durch Datenbanken und für die Einspeicherung
und Verarbeitung in elektronische Systeme. Alle Rechte, auch die des auszugsweisen
Nachdrucks, der fotomechanischen Wiedergabe (einschließlich Mikrokopie) sowie
der Auswertung durch Datenbanken oder ähnliche Einrichtungen, vorbehalten.

Impressum:

Copyright © 2014 GRIN Verlag GmbH
Druck und Bindung: Books on Demand GmbH, Norderstedt Germany
ISBN: 978-3-656-82930-0

Dieses Buch bei GRIN:

http://www.grin.com/de/e-book/281635/die-gruene-hoelle-als-segen-der-nuerburg-
ring-und-seine-wirtschaftlichen

GRIN - Your knowledge has value

Der GRIN Verlag publiziert seit 1998 wissenschaftliche Arbeiten von Studenten, Hochschullehrern und anderen Akademikern als eBook und gedrucktes Buch. Die Verlagswebsite www.grin.com ist die ideale Plattform zur Veröffentlichung von Hausarbeiten, Abschlussarbeiten, wissenschaftlichen Aufsätzen, Dissertationen und Fachbüchern.

Besuchen Sie uns im Internet:

http://www.grin.com/

http://www.facebook.com/grincom

http://www.twitter.com/grin_com

Philosophische Fakultät
der Rheinischen Friedrich-Wilhelms-Universität Bonn

Bachelor-Arbeit zur Erlangung des akademischen Grades
„Bachelor of Arts (B.A.)"
im Studiengang Geschichte (2-Fach BA)

Die „Grüne Hölle" als Segen?
Der Nürburgring und seine wirtschaftlichen Auswirkungen auf
Adenau und Umgebung von 1925 bis 1939

Vorgelegt von :

Linda Molitor

SS 2014

Inhaltsverzeichnis

1. Einleitung und Fragestellung 3

2. Der lange Weg zum Ring

    2.1 Die Eifel bis 1925 6

    2.2 Planung und Bau 11

3. Adenau und der Nürburgring

    3.1 Die ersten Jahre 18

    3.2 Der Nürburgring ab 1933 25

4. Fazit 33

Streckenplan des Nürburgrings 36

Karte Nürburgring und Zufahrtsstraßen 37

Archivalische Quellen aus dem Landeshauptarchiv Koblenz 38

Verzeichnis der gedruckten Quellen und Literatur 38

1 Einleitung und Fragestellung

*„[...] und darum dürfen und müssen wir stolz sein auf dieses Kleinod,
bei dem sich Naturgebundenheit und der Geist des Jahrhunderts der Technik,
Ursprünglichkeit und Fortschrittlichkeit paaren wie nirgends."*[1]

Ernst Rosemann

Mit dem heutigen Nürburgring verbindet man erfahrungsgemäß mehr als nur eine Rennstrecke. Man denkt an historische Rennen, die den Motorsport prägten, an Rennfahrer, die hier Geschichte schrieben und an ein modernes Freizeitzentrum mitten in der Hocheifel, das zeitweise die schnellste Achterbahn der Welt beherbergte. Man denkt aber auch daran, dass diese nie wirklich in Betrieb war, an Korruptionsvorwürfe, Fehlkalkulationen – und schließlich an ein gescheitertes Projekt. Bei näherer Betrachtung ist die Vorgehensweise und die Intention der Verantwortlichen und Besitzern des Nürburgrings von 2008 der von 1925 sehr ähnlich. Der Grundgedanke beispielsweise, der hinter dem Nürburgring steht, hat sich kaum verändert. Damals wie heute sollte die Rennstrecke der „Förderung der strukturschwachen Eifelregion"[2] dienen. Als die Verantwortlichen vor einigen Jahren im rheinland-pfälzischen Landtag beschlossen, aus der Rennstrecke ein ganzes Freizeitzentrum zu errichten, wurde mit den Bauarbeiten begonnen, ohne die Finanzierung des Projekts zu 100 Prozent abgesichert zu haben[3]. Auch 1925 begannen die ersten Streckenarbeiten, bevor die Finanzierung vollständig geregelt war. Und wie ihre Vorgänger es etwa 80 Jahre zuvor schon taten, verkalkulierten sich die Politiker und Investoren auch 2008. Die Faszination Nürburgring – eine Faszination des Scheiterns, der Fehlentscheidungen und Misserfolge? Das Projekt kostete seinen Initiator Otto Creutz damals das Leben, vor einigen Jahren Ministerpräsident Kurt Beck seine politische Karriere. Doch warum wird in der Eifel immer wieder so viel für eine Rennstrecke riskiert?

Die Eifel 1925 – ein über 5.000 Quadratkilometer großes Mittelgebirge, eingegrenzt zwischen den industriellen Ballungsräumen Trier, Aachen und Koblenz. Während Ende des 19. Jahrhunderts die Großstädte rund um sie herum wuchsen und die Industrie sich immer schneller entwickelte, kam es in der Eifel zu Missernten und daraus resultierenden Hungersnöten[4]. Auch der „Eifelfond"[5], der

---
1 zit. nach: Haffke: Nürburgring. S. 30.
2 Junkernheinrich u. a.: Jahrbuch. S. 155.
3 Roth: Gangsterwirtschaft. S. 39.
4 Haffke: Sibirien. S. 41.
5 ebd. S. 41.

von Preußen zur Unterstützung seiner ärmsten Region in der Rheinprovinz eingerichtet wurde, konnte die Lage langfristig nicht verbessern. 1888 wurde der Eifelverein gegründet, der die industrielle Rückständigkeit der Region nutzen und „die Eifel als Gegenwelt der Industrie neu"[6] darstellen wollte. Denn schnell wurde erkannt, dass die „einzige Möglichkeit, die wirtschaftliche Lage der Bevölkerung zu verbessern, [...] die Heranziehung eines soliden Fremdenverkehrs"[7] war, „wie etwa in den Alpenländern"[8]. Schon in der Zeit der Romantik am Ende des 18. Jahrhunderts wurde das „reizende Ahrtal mit seinen schroffen Bergen und stolzen Burgen [...] von Dichtern besungen, von Malern dargestellt und von Geschichtsforschern erkundet und verherrlicht."[9] Hundert Jahre später war die Eifel bereits von Wanderwegen durchzogen. Das Vorhaben, die Rückständigkeit der Region als Markenzeichen zu etablieren, wurde auch von der aufkommenden Wandervogelbewegung unterstützt, der Anfang des 20. Jahrhunderts vor allem Jugendliche angehörten. Sie wollten sich auf die traditionellen und romantischen Naturerlebnisse zurückbesinnen und die „Opposition zu einer Gesellschaft, die von einer aufkommenden kalten, industriellen Großstadtkultur"[10] geprägt war, bilden. Besonders beliebt war Adenau, „von 1816 bis 1932 Sitz des gleichnamigen Kreises"[11], mit der Hohen Acht und der Nürburg als Touristenmagneten. Mit 107 Dörfern und 550 Quadratkilometern war der Kreis zwar „flächenmäßig einer der größten weit und breit"[12], war aber zu dieser Zeit sehr dünn besiedelt und bestand aus nur 25.000 Einwohnern.

Es scheint paradox, dass man gerade hier Anfang des 20. Jahrhunderts eine Rennstrecke etablieren wollte; in einer Region, die mittlerweile von Wanderern für ihre landschaftliche Schönheit geschätzt wurde und in der die Städter eine Erholung von der Arbeit, dem alltäglichen Stress und Lärm suchten. Und doch wagten die Menschen in und um Adenau einen enormen Schritt und errichteten in nur zwei Jahren die erste permanente und reine Renn- und Prüfstrecke Deutschlands. Was sie dem Kreis brachte war neben internationaler Bekanntheit auch die absolute Zahlungsunfähigkeit. Im September 1932 wurde der Kreis schließlich aus finanziellen Gründen aufgelöst und zwischen dem Kreis Mayen und dem Kreis Ahrweiler aufgeteilt. Der erst fünf Jahre alte Nürburgring ging komplett zu Ahrweiler über.

In dieser Arbeit soll das Augenmerk jedoch nicht auf den politischen Auswirkungen des Nürburgrings liegen. Es soll viel eher gezeigt werden, wie er sich ökonomisch auf die Bevölkerung

---

6 Haffke: Sibirien. S. 41.
7 Haffke: Nürburgring. S. 7.
8 Blum: Wirtschaftsleben. S. 15.
9 Rausch: Heimatkunde. S. 10.
10 Halling: Wandervogelbewegung. S. 2.
11 Blum: Adenau. S. 3.
12 Kafitz: Ziele. S. 18.

des ärmsten Kreises in der Rheinprovinz ausgewirkt hat. Denn der Nürburgring sollte eben „nicht nur landschaftliches Zugstück in der einst so unbekannten, vergessen gewesenen Eifel, nicht nur hervorragende Rennstrecke [...], sondern auch wertvoller Förderer deutscher Wirtschaft, Verkehrsgewerbe, Handel und Industrie"[13] sein. Für die Bauern in der Eifel, die sich gerade so selbst ernähren konnten, waren der Bau und die danach folgenden Touristen oftmals die erste Gelegenheit, sich etwas Geld dazu zu verdienen und noch heute sind es vor allem die Einheimischen rund um den Nürburgring, die bei großen Veranstaltungen Gewinn machen. Ob sich die Investitionen, die unglaublichen Summen, die der Ring seit 1925 verschlungen hat, aus heutiger Sicht lohnen, kann und soll nicht beurteilt werden. Es soll hauptsächlich aufgezeigt werden, welche Ideen hinter diesem Projekt gestanden haben und wie es das Leben der Menschen in der Hocheifel, explizit in Adenau, beeinflusst hat. Die Hauptfrage, die es zu diskutieren gilt, ist: Aus welchen Gründen wurde ein solches Großprojekt ausgerechnet in dieser strukturschwachen Region umgesetzt und wer profitierte inwieweit von der *Grünen Hölle*[14]? Standen die politischen Verantwortlichen wie Landrat Creutz, die Eifeler selbst oder die deutsche Automobilindustrie am Ende als Gewinner da? Oder konnte später sogar Adolf Hitler den größten Nutzen aus dem Rennkurs ziehen?

Das Hauptwerk zu diesem Thema ist Jürgen Haffkes „Der Nürburgring. Tourismus für Millionen", in dem er sein Augenmerk weniger auf die sportliche als auf die wirtschaftliche Seite des Nürburgrings legt. Des Weiteren sind viele archivalische Quellen aus dieser Zeit im rheinland-pfälzischen Landeshauptarchiv in Koblenz erhalten. Es handelt sich vorrangig um Korrespondenzen des Adenauer Landrats Dr. Otto Creutz und des Oberpräsidenten der Rheinprovinz Dr. Johannes Fuchs, aber auch um Rennberichte aus der NS-Zeit. Aus ihnen gehen die Beweggründe der Verantwortlichen klar hervor. Ging es der preußischen Regierung ganz im Sinne des ehemaligen Kaisers vor allem um das Prestige der Deutschen im internationalen Automobilsport, so ging es Dr. Otto Creutz vor allem um die wirtschaftliche Lage seines Kreises und dessen Bewohner. Diese und andere mögliche Beweggründe werden in der vorliegenden Arbeit zunächst behandelt, anschließend wird auf die sehr kurzfristige, fast schon überstürzte Planung und Finanzierung sowie der darauf folgende Bau des Nürburgrings behandelt.

In der Zeit des Dritten Reiches nahm die Eifeler Rennstrecke eine Sonderrolle ein. Umgeben von der herben Eifeler Landschaft war sie nicht nur ein sportliches Schmuckstück für das Deutsche Reich, sondern auch für die staatliche Propaganda sehr gut geeignet. Dank Hitlers hohen

---
13 Haffke: Nürburgring. S. 45.
14 Der britische Rennfahrer Sir Jackie Stewart beschrieb in den 60er Jahren die Nordschleife als „Grüne Hölle", weil die Strecke rundherum von Wald umgeben war. Diese Beschreibung ist zum Synonym und Markenzeichen des Nürburgrings geworden. Noch heute trägt das neu entstandene *Eifeldorf*, das mehrere Restaurants sowie eine Diskothek direkt am Nürburgring beherbergt, den Namen „Grüne Hölle".

Subventionen seit 1933 war die finanzielle Lage des Rings erstmals in seiner noch kurzen Geschichte gesichert. Probleme gab es jedoch nach wie vor, nur wurden sie meist vor der Öffentlichkeit verborgen. Trotzdem sollen diese, so gut die Quellen es zulassen, in der vorliegenden Arbeit behandelt werden. Eine besonders hilfreiche Quelle in diesem Bereich sind die erhaltenen Erfahrungsberichte des Polizeichefs Hans Dietrich de Niem aus der Mitte der Dreißiger Jahre, die ebenfalls im Landeshauptarchiv in Koblenz zu finden sind. Hier werden vor allem infrastrukturelle Probleme der Eifel im Zusammenhang mit dem Touristenansturm beschrieben, die aufgrund ihrer Bedeutung für die Anwohner einen großen Teil in der Betrachtung dieser Arbeit einnehmen werden.

Im Fazit sollen letztendlich noch einmal alle Erkenntnisse und Entwicklungen zusammengefasst und die oben gestellten Fragen beantwortet werden. Zentraler Punkt wird neben der wirtschaftlichen Bedeutung des Rings auch sein, wer schlussendlich den größten Nutzen aus der Rennstrecke ziehen konnte. Da aus dieser Zeit nur wenige Fakten und Statistiken die Eifel betreffend erhalten oder überhaupt erstellt worden sind, beispielsweise genaue Zahlen von Rennbesuchern oder Touristen, liegen den meisten Erkenntnissen lediglich Zeitzeugenaussagen, private Dokumente oder subjektiv verfasste Texte zugrunde. Aus diesen können Schlüsse gezogen werden, die zwar nicht für die gesamte Bevölkerung der Eifel geltend gemacht werden können, aber doch einen aufschlussreichen, persönlichen Einblick in das Verhältnis der Eifeler zum Nürburgring gewähren.

2 Der lange Weg zum Ring

2.1 Die Eifel bis 1925

„So schön, wie die Eifel ist, so arm ist sie auch."[15]

Als Anfang des 20. Jahrhunderts zum ersten Mal die Rede von einer Autorennbahn in der Hocheifel war, wurde dieses Unterfangen von vielen für ein nicht realisierbares Projekt gehalten. Hatten die Deutschen schon einmal von der Eifel gehört, dann meist nur im Zusammenhang mit langen Wanderwegen durch unberührte Wälder und ländlichen Erholungswochenenden. Obwohl rund um die Eifel, zum Beispiel im Taunus oder in den Ardennen, seit 1904 Rennveranstaltungen stattfanden

---

15 Niessen: Wirtschaftslage. S. 23.
16 Behrndt/Födisch: 75 Jahre. S. 8.

, konnte man sich solche in dem unberührten und naturbelassenen Mittelgebirge nur schwer vorstellen. Kaiser Wilhelm II. sah in dem Vorhaben jedoch keinen Widerspruch. Der rennsportbegeisterte Technikfreund kannte die Eifel mit ihren Bergen schon lange. Ihre Schlicht- und Kargheit, doch auch „die unvergleichliche Landschaft mit ihrer herben Schönheit"[17] faszinierten ihn. Oft war er hier zu Gast, was auch der Hintergrund für den noch heute existierenden Kaiser-Wilhelm-Aussichtsturm auf der Hohen Acht ist. Ja, hier sollte eine neue Teststrecke für die deutsche Automobilindustrie entstehen, denn die Förderung des Rennsports sah der Kaiser als „nationale Notwendigkeit"[18] an. Zur Durchsetzung seines Zieles war er sich keineswegs zu schade, sich auch persönlich zu engagieren. So stand seit 1905 der noch junge „Deutsche Automobil-Club" unter dem Protektorat des Kaisers, durfte sich von nun an „Kaiserlicher Automobil-Club" nennen und führt uns noch heute die Begeisterung des Regenten für die neuen Fortbewegungsmittel deutlich vor Augen[19].

Im Laufe des Jahres 1907 nahm das vage Projekt immer konkretere Formen an. Im Juni 1907 berichtete die Zeitschrift *Automobil-Welt* voller Begeisterung:

„[...] Dass die Eifel mit ihren Hügeln und Gefällen für das geplante Unternehmen sehr zweckdienlich [...] [sei], dürfte von Fachleuten nicht bezweifelt werden; das Nehmen von Steigungen, Gefällen, scharfen Kurven kommt doch für den Automobilsport und namentlich bei der Ausbildung der Fahrer hauptsächlich in Betracht."[20].

Nur einen Monat später schrieb auch die *Adenauer Zeitung* von den idealen Gegebenheiten für eine Renn- und Teststrecke in der Eifel:

„Bei der stellenweise dünnen Besiedlung, den zahlreichen Hochflächen, die von tiefeingeschnittenen Tälern mit großartigen Naturschönheiten begrenzt werden und sowohl weitebene Flächen als auch starke Neigungen und Senkungen, große Niveauunterschiede und scharfe Kurven bieten, gibt es mehr als ein Dutzend Gebiete in der Eifel, die allen gestellten Bedingungen genügen"[21].

Hier wird klar, dass zumindest einige Eifeler die Idee einer Rennstrecke in ihrer Heimat von Beginn an begrüßten.
Eine neue Teststrecke sollte die Vorherrschaft der Italiener, Briten und Franzosen im noch relativ neuen Autorennsport brechen und die deutschen Fahrzeuge und Fahrer an die internationale Spitze bringen. Es ging nicht nur um Siege im sportlichen Sinne, sondern, wie bei fast jedem Wettkampf

---

17 Kafitz: Ziele. S. 16.
18 Haffke: Nürburgring. S. 21.
19 Ebert: Nationen. S. 315.
20 zit. nach: Haffke: Nürburgring. S. 23.
21 zit. nach: Behrndt/Födisch: Kreis. S. 20.

dieser Zeit, vor allem um die Repräsentation des deutschen Vaterlandes. Die europäischen Großmächte wetteiferten schon seit Ende des 19. Jahrhundert um politische, militärische und wirtschaftliche Größe ihrer Nation. Dieses übersteigerte Streben nach Prestige und Hegemonie gipfelte 1914 im Ausbruch des Ersten Weltkrieges.

Die Idee einer Rennstrecke in der Hocheifel geriet angesichts der Aufrüstung, der Stellungskriege und der deutschen Kapitulation vorerst in Vergessenheit. Erst in den Zwanziger Jahren, als die ersten Nachkriegsjahre überwunden und die politischen Reformen weitestgehend abgeschlossen waren, erinnerte man sich an das einstige Vorhaben. Auf der ganzen Welt entstanden zu dieser Zeit Rennstrecken. Vorreiter war Großbritannien mit der Renn- und Teststrecke Brooklands, die schon seit 1907 betrieben wurde. Scheinbar hatte das europäische Rennfieber auch den Atlantik überquert, im amerikanischen Indianapolis wurde 1909 ebenfalls eine Rennstrecke in Betrieb genommen. 1921 zog Deutschland mit der Automobil-, Verkehrs- und Übungsstraße AVUS nach, nur ein Jahr später wurde die Rennstrecke in Monza eröffnet. 1923 und 1924 folgten die noch heute berühmten Kurse in Barcelona und Paris.

Neben diesen blühenden Großstädten fragt man sich: Was bewegte die Menschen dazu, nun eine Rennstrecke in der Eifel, ausgerechnet im „rheinische[n] Sibirien"[22], zu bauen? Die Hocheifel war zu Beginn des 20. Jahrhunderts „ein strukturschwaches Gebiet"[23], noch bis in die Zwanziger Jahre hinein waren hier über 60 Prozent der Bevölkerung in der Landwirtschaft tätig[24]. Adenau selbst bildete zwar den „Kern der Hoch- und Vulkaneifel"[25], doch von Fortschritt oder konjunkturellem Aufschwung war selbst hier kaum etwas zu sehen. Wegen der viel zu nassen Böden, der Höhenlage und den langen Wintern konnten die meisten Bauern gerade einmal selbst von ihren Erzeugnissen leben. Außerdem war eine nur mäßige Infrastruktur vorhanden und es gab kaum Rohstoffe, was die Eifel für Investoren sehr unattraktiv machte. „Die frühere Eisenindustrie […] und der Bergbau auf Erze im Kreise"[26] waren schon einige Zeit zum Erliegen gekommen, „auch die Tuchindustrie von Adenau selbst"[27]. Außer einigen Steinbrüchen gab es kaum langfristige Beschäftigungsmöglichkeiten[28]. Um ihre wirtschaftliche Lage zu verbessern, sahen viele eine „Abwanderung in fernab liegende Industriegebiete"[29] als einzige Möglichkeit. Der Aufwärtstrend, der sich Anfang des 20. Jahrhunderts in der Eifeler Wirtschaft abzeichnete, wurde durch den europäischen Rüstungswettstreit und den Ersten Weltkrieg wieder zunichte gemacht. Zählte man 1905 noch 2.002

---
22 Haffke: Nürburgring. S. 7.
23 Roth: Gangsterwirtschaft. S. 38.
24 Haffke: Nürburgring. S. 21.
25 Blum: Adenau. S. 10.
26 Blum: Wirtschaftsleben. S.13.
27 ebd. S. 13.
28 Haffke: Nürburgring. S. 46.
29 Behrndt/Födisch: Kreis. S. 9.

Adenauer[30], so waren es 1913 nur noch 1.924 Menschen. Nach dem Krieg stieg die Einwohnerzahl der Stadt selbst zwar wieder an, erreichte aber 1919 gerade einmal 2.021. Die höchste Zahl ist 1928 mit 2.225 Einwohnern verzeichnet. Seitdem sank die Anzahl der Adenauer bis 1932 stetig[31]. Aber nicht nur die wenig günstigen natürlichen Umstände waren aus der heutigen Sicht vieler Historiker ausschlaggebend für die Armut in der Eifel. Als ein weiterer Grund der regionalen Rückständigkeit wird oft „der konservative Charakter der Bevölkerung"[32] genannt. Die Eifeler hielten nicht viel von Umstellungen und technischem Fortschritt, so lautet noch heute das Vorurteil. Ganz von der Hand zu weisen ist es allerdings nicht. So war in der Eifel noch immer das sogenannte „Teilerbrecht"[33] üblich, was in anderen Teilen Deutschlands als längst überholt galt. Beim Tod der Eltern wurde der Besitz unter allen Kindern zu gleichen Teilen aufgeteilt. Das verhinderte die Bildung von landwirtschaftlichen Großbetrieben, vereinzeltem Wohlstand und die Entstehung von Arbeitsplätzen. Die meisten Landwirte im „Kleinbauernland"[34] Eifel hatten einen Besitz von nur zwei bis fünf Hektar Land. Hinzu kamen auch noch die äußeren Umstände und Schwierigkeiten dieser Zeit, denn wo „vor dem Kriege [...] ein gewisser Fortschritt zu erkennen [war], [...] wurde dieser durch die Folgen des Krieges und seine Nachwirkungen wieder illusorisch"[35]. Vor allem der Ruhrkampf und die Separatistenbewegung schwächte die Wirtschaft in der gesamten preußischen Rheinprovinz, auch noch, als es in anderen Teilen Deutschlands konjunkturell schon wieder bergauf ging.

Die wirtschaftliche und infrastrukturelle Lage der Eifel stach aus der insgesamt schwierigen Situation der Rheinprovinz jedoch noch einmal heraus, vor allem „der Kreis Adenau [war] noch einmal ärmer als andere Kreise."[36] Trotz der genannten wirtschaftlichen Rückständigkeit und der politischen Unruhen konnte man in der Rheinprovinz insgesamt mit einem Reinertrag von durchschnittlich 21,2 Reichsmark rechnen, der Kreis Adenau erreichte Anfang der Zwanziger Jahre gerade einmal 4,8 Reichsmark[37]. Während in großen Teilen Deutschlands, auch in den Großstädten der Rheinprovinz, schon vor dem Ersten Weltkrieg die Elektrizität Einzug gehalten hat, konnte in der Eifel erst ab 1922 die „Versorgung mit elektrischem Strom"[38] garantiert werden. Wie lange die Eifel brauchte, um sich von dem Krieg und seinen unmittelbaren Folgen zu erholen, lässt sich unter anderem auch am Viehbestand ablesen. Erst gegen Ende der *Goldenen Zwanziger*, im Jahre 1926,

---

30 Haffke: Nürburgring. S. 98.
31 Blum: Adenau. S. 12.
32 Niessen: Wirtschaftslage. S. 18.
33 ebd. S. 8.
34 ebd. S. 8.
35 ebd. S. 17.
36 Kafitz: Ziele. S. 16.
37 Niessen: Wirtschaftslage. S.16.
38 Blum: Wirtschaftsleben. S. 14.

erreichte man hier wieder das Vorkriegsniveau[39]. Es ist keinesfalls übertrieben, wenn man zusammenfassend sagt: „Wirtschaftspolitisch lag die Eifel, damals besetztes Gebiet, danieder."[40] Das einzige Kapital, das die Eifeler besaßen, war die unvergleichliche Ruhe und die unberührte Natur, die Wälder, Maare und Berge. Um diese Landschaft möglichst vielen Menschen zugänglich zu machen und außerdem auf den Zug der Motorisierung aufzuspringen, veranstaltete man seit 1922 das sogenannte Eifelrennen, ein Rundkurs mit Start und Ziel in Nideggen, an dem Rennfahrer aus ganz Europa teilnahmen. Das 33 Kilometer lange Rennen führte die Fahrer auf gewöhnlichen Landstraßen durch die kleinen Orte wie Wollersheim, Heimbach, Hasenfeld, Schmidt und Brück, die heute allesamt im Nationalpark Eifel zu finden sind. Die Idee, aus diesem Rennen einen größeren Nutzen für die Eifel zu gewinnen, kam Hans Weidenbrück, Bonner Geschäftsmann und zu dieser Zeit Pächter der Nürburger Gemeindejagd.

„Bei Euch auf der Nürburg ist es wunderschön. Diese schöne Gegend verdient es wirklich, wenn sie einem größeren Personenkreis bekannt gemacht wird. Wenn wir dieses Rennen hier […] von Nideggen nach Adenau und Nürburg ziehen könnten, das wäre wunderschön"[41],

soll er zu seinen Freunden Hans Pauly und Franz-Xaver Weber beim Eifelrennen 1924 gesagt haben. Sogleich nahm er Kontakt zum ADAC Rheinland auf und nur kurze Zeit später, im Januar 1925, wurde für den Kreis Adenau eine eigene ADAC-Ortsgruppe gegründet, die sich von nun an um die Planung eines neuen Rennens rund um die Nürburg kümmern sollte[42]. Vorsitzender wurde der Adenauer Landrat Dr. Otto Creutz, der in der Geschichte des Nürburgrings von nun an eine bedeutende Rolle spielen sollte.

Denn das, was den Nürburgring in der damaligen Zeit zu einer absoluten Neuheit machte, brachte erst er ins Gespräch. Ihn störte es, dass die Eifelrennen in Nideggen auf gewöhnlichen Landstraßen stattfanden. Die Strecke war größtenteils unbefestigt, nicht einmal asphaltiert und barg nicht nur für Fahrer, sondern auch für die Zuschauer große Gefahren. „Ich lasse mir doch meine Kühe nicht über den Haufen fahren! Ich bin in erster Linie Landrat für die Bauern und dann erst für die Autofahrer […]"[43], ließ Creutz verlauten. Wenn eine neue Strecke gebaut werden sollte, dann sollte es eine reine Rennstrecke werden, keine kurzzeitig abgesperrte Landstraße[44]. Gegner dieser Idee war zu Beginn unter anderem Hans Weidenbrück, der sich um die Finanzierung eines solchen Vorhabens sorgte. Doch der Landrat konnte seine innovative Idee letztlich im Kreistag durchsetzen. „So nahm

---

39 Blum: Wirtschaftsleben. S. 15.
40 Bretz: Jahre. S. 52.
41 Haffke: Nürburgring. S. 24.
42 Scheurer: Nürburgring. S. 209.
43 Behrndt/Födisch: Kreis. S. 24.
44 Scheurer: Nürburgring. S. 209.

denn das ehrgeizige Projekt immer konkretere Formen an"[45], um vor allem ein Ziel zu erreichen: „die trostlosen wirtschaftlichen Verhältnisse des Kreises Adenau und seiner Einwohner zu bessern"[46]. Es war der zweite Anlauf, eine Rennstrecke in der Eifel zu bauen – in Vergessenheit geraten würde er nie mehr.

2.2 Planung und Bau

„Der Nürburgring ist ein Produkt dieser Zeit, die arbeitet, weil sie leben will. Manche landschaftliche Schönheit ist zerstört; aber leben ist wichtiger als schön sein."[47]

Kölnische Volkszeitung, 23. Juni 1927

Am 18. Mai 1925 wurde es dann amtlich: Der Adenauer Kreistag verabschiedete den Baubeschluss für die Gebirgs-, Renn- und Prüfstrecke rund um die Nürburg einstimmig. Für die Politiker stand nicht nur die Verbesserung der wirtschaftlichen Verhältnisse ihrer Bevölkerung im Vordergrund, viele erhofften sich von dem Projekt auch einen persönlichen Nutzen finanzieller Art. Die in der Politik an den Tag gelegte Einstimmigkeit herrschte jedoch keineswegs im ganzen Kreis. Die Eifel war nämlich nicht nur geeignete Region für eine permanente Rennstrecke, bislang zog sie ihre Besucher vor allem durch Ruhe und landschaftliche Unberührtheit an, Adenau selbst war Luftkurort. Wie weit waren diese Umstände mit einer Rennstrecke und den geplanten tausenden Autotouristen zu vereinbaren? Vor allem die Naturschutzverbände der Region und der Eifelverein waren „gegen den geplanten Bau [...] wegen Verunstaltung der Gegend"[48]. Auch für viele Einheimische war es schwer vorstellbar, wie „sich rund 30 Kilometer Rennbahn in die Kulturlandschaft der Hocheifel einfügen"[49] sollten. Doch der am 10. Juli vor dem Kreistag vorgetragene Einspruch wurde abgelehnt. Die Verantwortlichen, also der Kreistag sowie der beauftragte Architekt Gustav Eichler, versprachen schriftlich,

„dass das Landschaftsbild [durch den Bau] in keiner Weise beeinträchtigt wird. Die Bauwerke am Start- und Zielplatz [...] sollen so angelegt werden, dass sie im Walde liegend in keiner Weise auffällig wirken. Soweit die Strecke

---

45 Behrndt/Födisch: 75 Jahre. S. 11.
46 Niessen: Wirtschaftslage. S. 23.
47 zit. nach: Haffke: Nürburgring. S. 29.
48 Behrndt/Födisch: 75 Jahre. S. 11.
49 Haffke: Nürburgring. S. 28.

im Landschaftsbild störend wirken könnte, ist die Anpflanzung ungleichmäßiger Waldstücke vorgesehen, Schreiende Reklameschilder werden grundsätzlich verboten. Die notwendigen Brückenbauten sollen [...] nicht nur das Landschaftsbild nicht beeinträchtigen, sondern möglichst zu einer Zierde der Gegend werden"[50].

Als Vermittler wirkte hier auch der Oberpräsident der Rheinprovinz Dr. Johannes Fuchs, der selbst als großer Freund der Eifeler Landschaft galt und gleichzeitig ein Befürworter der Rennstrecke war. Er versicherte öffentlich, dass er niemals ein Projekt unterstützen würde, das diese Schönheit beeinträchtigen würde[51].

Das sollte jedoch nicht die letzte Hürde werden, die sich zwischen den Kreis Adenau und ihren Traum von einer Rennstrecke stellte. Denn nach dem offiziellen Baubeschluss stand die Frage der Finanzierung noch aus. Die Verantwortlichen im Kreis waren sich sicher: Wenn die Rennstrecke erst einmal fertiggestellt und in Betrieb genommen war, würde man alle Kredite schnell abbezahlen können. Aktuell gehörte der „erst 1816 gegründete Landkreis Adenau [...] [allerdings noch]" zu den ärmsten Kreisen"[52] im Deutschen Reich. Doch Landrat Dr. Otto Creutz hatte noch ein Ass im Ärmel. Er reiste nach Berlin zu Dr. Erich Klausener, der bis 1919 selbst Landrat von Adenau gewesen war und nun als Ministerialdirektor im preußischen Wohlfahrtsdienst tätig war[53]. Dieser sollte Dr. Creutz nun helfen, die finanziellen Probleme des Baus zu überwinden, denn der Adenauer Landrat war schon damals der Meinung,

„dass es nicht die Aufgabe des Kreises sein könne, mit öffentlichem Gelde eine [...] Rennbahn zu schaffen, sondern dass aus den Mitteln der produktiven Erwerbslosenfürsorge eine Prüfungsstraße auszubauen sei, welche auch der Automobilindustrie wertvolle Dienste in der Vervollkommnung der Motorfahrzeuge und damit der Allgemeinheit leisten könne."[54]

Diese Art der Erwerbslosenfürsorge war zu dieser Zeit keine ungewöhnliche Maßnahme. Vor allem im Rheinland fand sie in den Zwanziger Jahren des 20. Jahrhunderts vermehrt Zuspruch, denn hier hatte man besonders stark mit Massenarbeitslosigkeit und -armut zu kämpfen. Bei der produktiven Arbeitslosenunterstützung ging es darum, „das Notwendige mit dem produktiven zu verbinden und statt unproduktiver, rein unterstützender Erwerbslosenfürsorge wirklich produktive und [...] [die] Volkswirtschaft befruchtende Werte zu schaffen"[55]. Dank Creutz' Beziehungen nach Berlin, aber auch der ungewöhnlich hohen Arbeitslosenzahl in Adenau wurde am 13. August 1925 die

---

50 Haffke: Nürburgring. S. 29.
51 Behrndt/Födisch: Kreis. S. 39.
52 ebd. S. 9.
53 Haffke: Nürburgring. S. 25.
54 ebd. S. 25.
55 Delges: Bedeutung. S. 67.

„Genehmigung des Baus als größere Notstandsarbeit"[56] bekanntgegeben. Die Hälfte der anfallenden Lohnkosten wollte der Staat übernehmen, ein weiteres Drittel das Land. Weiterhin hieß es in dem Erlass, dass „für leistungsschwache Gemeinden oder für einzelne Bezirke eine Erhöhung der Reichsbeihilfe"[57] beantragt werden könne. Der zu zahlende Anteil für den Kreis Adenau sollte somit weniger als ein Sechstel der Gesamtkosten betragen.

Dieser Erlass symbolisiert bis heute zwar offiziell den Startschuss für die Bauarbeiten, doch der grenzenlose Optimismus der Verantwortlichen vor Ort schien keine Grenzen zu kennen. Denn schon im April 1925, vier Monate vor der offiziellen Genehmigung des Preußischen Wohlfahrtsministeriums, hatte man begonnen, rund um die Nürburg kleinere Arbeiten mit bis zu 60 Personen durchzuführen – in der Hoffnung, bald grünes Licht vom Staat zu bekommen und die Bauarbeiten auch bezahlen zu können[58].

Veranschlagt wurde für das Großprojekt zunächst einmal eine Gesamtsumme in Höhe von 2,5 Millionen Reichsmark, ein Betrag, der umgerechnet etwa neun Millionen Euro entspricht[59]. Eine vergleichsweise geringe Summe für die ehrgeizigen Pläne des Kreises, vor allem wenn man bedenkt, dass die Renovierung im Zuge des Projekts *Nürburgring 2009* 330 Millionen Euro gekostet hat[60]. 1925 herrschten in der Eifel allerdings auch sehr günstige Umstände für Bauarbeiten dieser Art, die aus dem Adenauer Verwaltungsbericht hervorgehen und auf die der vergleichsweise niedrige Kostenvoranschlag wohl zurückzuführen war. Zum Einen waren über 85% des eingeplanten Baugeländes in Kreis- oder Gemeindebesitz. Der Kreis Adenau musste also kaum Land von Privateigentümern ankaufen. War ein benötigtes Grundstück in Besitz einer der Gemeinden, konnte dieser einfach eine Beteiligung am späteren Gewinn versprochen werden[61]. Zum Anderen war die dünne Besiedlung der Eifel, aber auch die geplante Streckenführung ein Vorteil. Es waren kaum Umsiedlungen nötig, da die Trasse hauptsächlich „an den Hängen wenig besuchter Täler oder an reizlosen Ödlandflächen"[62] vorbeiführen sollte. Außerdem war das Basaltvorkommen in der Nähe der Baustelle günstig, so dass man einen nur „geringen sachlichen Aufwand"[63] hatte, durch die hohe Arbeitslosigkeit aber viel menschliche Arbeitskraft zur Verfügung stand. Diese reichte für das enorme Projekt trotzdem nicht aus. Teilweise reisten Arbeitslose aus

---

56 Haffke: Nürburgring. S. 26.
57 Behrndt/Födisch: Kreis. S. 30.
58 Födisch/Ostrovsky: 75 Jahre. S. 24.
59 Umrechnung der Vergleichswerte entsprechend Deutsche Bundesbank (Hg.): Kaufkraftäquivalente historischer Beträge in deutschen Währungen, Frankfurt am Main 2014, URL:
http://www.bundesbank.de/Redaktion/DE/Downloads/Statistiken/Unternehmen_Und_Private_Hauhalte/Preise/kaufkr aftaequivalente_historischer_betraege_in_deutschen_waehrungen.pdf?__blob=publicationFile (21.07.2014).
60 Junkernheinrich u. a.: Jahrbuch. S. 155.
61 Haffke: Nürburgring. S. 27.
62 ebd. S. 27.
63 ebd. S. 27.

Köln an, um an der Trasse rund um die Nürburg zu arbeiten. Gezahlt wurde den Arbeitern im Durchschnitt 34 Pfennig pro Stunde. Ein geringer Lohn, jedoch für viele Eifeler die erste Möglichkeit, sich neben dem landwirtschaftlichen Betrieb etwas Bargeld dazuzuverdienen[64]. Die Massenarbeitslosigkeit im Rheinland, die in diesen Jahren neue Höchstwerte erreichte, sorgte außerdem dafür, dass die Menschen sich über Arbeit jeglicher Art freuten. Dementsprechend rief das Projekt von Beginn an großes Interesse in der einheimischen Bevölkerung hervor. Dieses war zwar oft sehr skeptischer Natur, doch vor allem die Ortsvorsteher der Gemeinden im Kreis sahen im Bau des Nürburgrings dieselben, „nicht geringe[n] wirtschaftliche[n] Vorteile"[65] für ihre Einwohner wie Dr. Otto Creutz selbst.

Wie sich die zuerst skeptische Einstellung der Anwohner rund um die Nürburg und die geplante Rennstrecke während der Bauphase änderten, wird in der Chronik des kleinen Eifeldorfes Herschbroich, beschrieben.

„Das Weinen und Jammern um das gute Land wurde bald abgefedert durch die Möglichkeit, Bargeld oder gutes Tauschland für das in der Summe doch sehr karge Land entlang der Trasse zu erhalten. Als es dann losging, da tat sich eine ganz andere Welt auf, viele Leute aus unserem Dorf verdienten beim Bau des Ringes erstmalig und außerhalb der Landwirtschaft Bargeld."[66]

Bald darauf stellten die Eifeler noch weitere Vorteile eines so großen Bauprojekts fest. Neben den plötzlichen Verdienstmöglichkeiten vor ihrer Haustür wurde auch der Ausbau vieler Straßen und die allgemeine Verbesserung der Infrastruktur begrüßt. Aufgrund der Gastarbeiter aus anderen rheinländischen Regionen war schon während des Baus jedes Zimmer und jedes Bett „gefragt"[67]. Vor allem die heimischen Kleinunternehmen profitierten in dieser Zeit, „in den Kneipen war was los, vom Kaffeejungen bis hin zur Gespanngestellung, wer wollte, konnte Geld verdienen."[68] Wegen der Überfüllung, die sich schon während der Bauphase abzeichnete und sich durch die gesamte Geschichte des Nürburgrings ziehen sollte, wurden für die nicht heimischen Arbeiter Baracken in der Nähe der Trasse gebaut. Die *Kölnische Volkzeitung* beschreibt den Zustand und stellt noch 1927 fest, dass es oftmals aussähe, „als ob diese stillen und beschaulichen und armen Orte über Nacht zu Goldgräberniederlassungen geworden seien."[69] Die Eifel war zum Colorado der Arbeitssuchenden geworden.

---

64 Michels/Scheurer: Nürburgring. S. 19.
65 Bürgermeister von Kelberg an Landrat Dr. Otto Creutz betreffend die Pläne zum Bau einer Rennstrecke in Adenau, 10. Juli 1925. Landeshauptarchiv, 537,031 Sachakte 103.
66 zit. nach: Haffke: Nürburgring. S. 27.
67 Haffke: Nürburgring. S. 27.
68 ebd. S. 27.
69 ebd. S. 29.

Am 27. September 1925 fand die Grundsteinlegung statt. Anwesend war auch Dr. Johannes Fuchs, der in seiner Rede den nicht nur sportlichen Nutzen der Rennstrecke betonte und damit den Grundgedanken des Adenauer Landrats stark unterstützte:

„Ein anderer Grund lässt mich mit Freuden an dieser Einweihung teilnehmen. Ich habe von diesem herrlichen Lande gesprochen, das an landschaftlicher Schönheit kaum einem anderen in unserem Vaterlande nachgibt. Aber der landschaftlichen Schönheit entsprechen keineswegs die wirtschaftlichen Verhältnisse. Die gewaltigen Höhen, der kärgliche Boden können der Bevölkerung nicht die erforderliche Existenz geben. [...] Unser aller Pflicht ist es, dieses Unternehmen zu fördern."[70]

Damit machte er die erste und größte deutsche Gebirgs-, Renn- und Prüfstrecke zum nationalen Prestigeprojekt. Mittels eines Wettbewerbs wurde nun ein Name gesucht. Der Gewinner stand zwei Monate später, im November 1925, fest: Nürburg-Ring hieß die noch imaginäre Strecke von nun an. [71] Sie sollte ein „touristischer Leuchtturm für die Hocheifel werden"[72] – koste es, was es wolle. Viele andere Möglichkeiten, die wirtschaftlich prekäre Situation hier zu verbessern, sah man nicht. Die Rennstrecke hatte von nun an höchste Priorität. Im Verwaltungsbericht des Kreises Adenau aus dem Jahre 1926 wurde ein ganzes Kapitel der „Gebirgsautorennbahn Nürburg-Ring"[73] gewidmet. Dort wurde unter anderem festgehalten, warum eine reine Förderung der Industrie der Eifel langfristig kaum etwas nützen würde.

„Der Kreis [...] stellt ein Überschussgebiet an Menschenkraft dar [...]. Industrie in den Kreis zu verpflanzen dürfte nicht anhängig sein, solange im Reich bereits vorhandene Betriebe nicht mit voller Belegschaft arbeiten können, und ferner auch bis zu einem gewissen Grade unmöglich sein, solange noch der Kreis des Aufschlusses durch Eisenbahnen harrt."[74]

Hier wird deutlich, dass die Politiker aus Adenau und Umgebung in einem regen Tourismusbetrieb die einzige Chance sahen, ihrem Kreis, ihren Wählern und sich selbst eine bessere und gesicherte Zukunft zu bieten. Es wird außerdem noch einmal klar, dass man sich damals in einer sehr unsicheren Zeit befand. Trotz der *Goldenen Zwanziger*, in denen viele Deutsche nur zu gerne wirtschaftliche und finanzielle Sorgen mit Kultur betäubten, befand sich Europa und vor allem die Weimarer Republik in politischen Unruhen und Krisen. Nicht die günstigste Zeit für ein Projekt dieser Tragweite und Größe.

---

70 Behrndt/Födisch: 75 Jahre. S. 12.
71 Haffke: Nürburgring. S. 26.
72 ebd. S. 25.
73 Behrndt/Födisch: Kreis. S. 12.
74 zit. nach: ebd. S. 12.

Was jedoch in den nächsten beiden Jahren folgen sollte, zeigte, wie ehrgeizig die Menschen im Kreis Adenau ihr Vorhaben durchbringen wollten. Im Durchschnitt wurden über zwei Jahre hinweg täglich etwa 1.500 Erwerbslose beschäftigt[75], im Januar 1926 waren es sogar 2.231[76]. Es wurden insgesamt 424.000 Tagwerke geleistet, in denen 152.000 Kubikmeter Erdmasse und 184.700 Kubikmeter Feldmasse bewegt wurden. Außerdem wurden über 11.000 Kubikmeter Beton verarbeitet und 35 Kilometer Gleise verlegt, auf denen insgesamt 19 Lokomotiven fuhren[77]. Bei diesen Dimensionen wurde schnell klar, dass die veranschlagten Kosten von 2,5 Millionen Reichsmark nicht ausreichen würden. Noch während der Bauphase verschärfte sich der Konflikt um die immer höher werdenden, benötigten Gelder zwischen dem Kreis Adenau, Preußen und dem Deutschen Reich, so dass „das Projekt Nürburg-Ring [...] wegen wiederholter Kostensteigerungen allein"[78] zu scheitern drohte. Landrat Creutz suchte Erklärungen und versuchte, die Lage des Kreises, welche ihm „ausserordentlich peinlich und unangenehm"[79] war, auch dem Oberpräsidenten Fuchs verständlich zu machen. Laut ihm hatte Qualität nun mal seinen Preis und das

„ungeheure [internationale] Interesse [...] stellt[e] an den Kreis Adenau die dringende nationale Pflicht, mit allen Mitteln dafür besorgt zu sein, dass der 'Nürburg-Ring' so erstklassig ausgebaut wird, dass er allen Ansprüchen und allen Forderungen [...] genügen"[80]

konnte. 1927 hatte man letztendlich 13.197.484,63 Reichsmark in das Projekt *Nürburg-Ring* investiert[81]. Diese Summe entspräche heute etwa 44.871.500 Euro[82]. Ganze 5,5 Millionen Reichsmark des Gesamtbetrages wurden vom Kreis Adenau getragen[83] - eine finanzielle Last, die der Kreis nie mehr ganz los werden sollte.

Doch zunächst einmal hatten sich die hohen Investitionen gelohnt. Nach nur zwei Jahren war dort, wo vorher nur Wälder und Wiesen gewesen waren, die größte permanente Rennstrecke Deutschlands erwachsen. Aus Hängen waren Tribünen geworden und aus kleinen Schotterwegen asphaltierte Landstraßen, die die motorisierten Besuchermassen durch die schöne Eifel hin zum Nürburgring geleiten sollten. Dieser setzte sich vor allem durch seinen Landstraßencharakter von

---
75 Delges: Wohlfahrtspflege. S. 24.
76 Delges: Bedeutung. S. 66.
77 Behrndt/Födisch: 75 Jahre. S. 15.
78 Haffke: Nürburgring. S. 35.
79 Landrat Dr. Creutz an Oberpräsident Dr. Fuchs betreffend der Kostensteigerungen beim Bau des Nürburgrings vom 21. Dezember 1926. Landeshauptarchiv, 700,040 Sachakte 7.
80 Behrndt/Födisch: Nürburgring. S. 15.
81 Behrndt/Födisch: Kreis. S. 130.
82 Umrechnung der Vergleichswerte entsprechend Deutsche Bundesbank (Hg.): Kaufkraftäquivalente historischer Beträge in deutschen Währungen, Frankfurt am Main 2014, URL: http://www.bundesbank.de/Redaktion/DE/Downloads/Statistiken/Unternehmen_Und_Private_Hauhalte/Preise/kaufkraftaequivalente_historischer_betraege_in_deutschen_waehrungen.pdf?__blob=publicationFile (21.07.2014).
83 Haffke: 75 Jahre. S. 36.

anderen Rennbahnen in Europa ab. Man hatte bei dem insgesamt 28 Kilometer langen Rennkurs weitestgehend auf Schikanen und Haarnadelkurven verzichtet[84]. Trotzdem verlangte der Nürburgring Fahrer und Fahrzeug in 88 Links- und 84 Rechtskurven alles ab[85]. Mit seiner Durchschnittsstreckenbreite von acht Metern, seinen engen Kurven, wie beispielsweise dem Karussell, und Steigungen bis zu 17 Prozent[86] gehörte die Eifeler Rennbahn schnell zu den schwierigsten Kursen in Europa. Das Fahrerlager war nach den neusten Standards errichtet und bestand aus 70 Boxen für Autos und Motorräder und 50 weiteren für Ersatzteile[87]. Das Projekt war vollendet, der Nürburgring war nicht länger ein Traum. Er war Realität geworden.

Doch noch lange bevor die ersten Autos über den Nürburgring jagen sollten, begann man für ihn zu werben. Auf der Berliner Automobilausstellung im Herbst 1925, also gerade einmal ein halbes Jahr nach der offiziellen Baugenehmigung, stellte man ein Modell des Nürburgrings vor. Damit sollte schon vor Baubeginn „auf 'die schönste und schwierigste Rennstrecke der Welt', die abseits vom großen Weltgeschehen in der Eifel"[88] entstand, aufmerksam gemacht werden. Auch in Adenau wurde man schon lange vor der Eröffnung des Rings aktiv. Allein im Jahr 1926 brachte der Kreis von April bis November sechs Ausgaben der neuen *Illustrierte[n] Monatsschrift für Motor-Sport auf der deutschen Gebirgs-, Renn- und Prüfungsstrasse im Kreise Adenau Rhld. und Touristik im Rheinland, Eifel, Hunsrück, Westerwald, Taunus, Rhein- und Nebentäler* heraus[89]. Dieser Titel zeigt deutlich, dass der Ring nicht nur sportliche Aufgaben vertreten sollte und sein direkter Wirkungsbereich auch nicht nur die Eifel sein sollte. Das Projekt sollte so publik wie möglich gemacht werden, nur dann, so dachten die Verantwortlichen in Berlin und Adenau, war der erhoffte touristische Erfolg im Rheinland auch möglich.

Um den Nürburgring herum wurde ein völlig neues Image für die Eifel kreiert. Sie sollte nicht mehr nur für Wanderwege und unberührte Natur stehen, sondern von nun an auch Geschwindigkeit und Fortschritt symbolisieren. Was eigentlich als völliger Gegensatz erscheint, sollte die Eifel ab jetzt ausmachen. „Rhein, Ahr und Nürburgring [bildeten][...] hier mit ihren besonderen Eigenarten einen harmonischen Dreiklang"[90], um der Eifel einen Touristenansturm zu garantieren. „Unberührt vom Rennfieber und der Hetze des Tages stehen im Hintergrund die stolzen Berge des Eifelrennens, die Nürburg und die Hohe Acht"[91], so fasste der Pressesprecher des Nürburgrings Hans Bretz die völlig neu erschaffene Faszination zusammen. Vor allem er beeinflusste das neue Bild der Eifel als

---

84 Haffke: Nürburgring. S. 29.
85 Haffke: 75 Jahre. S. 29.
86 Behrndt/Födisch: 75 Jahre. S. 11.
87 ebd. S. 38.
88 Hornung: Nürburgring. S. 16.
89 Haffke: Nürburgring. S. 30.
90 Koll: Bedeutung. S. 95.
91 Haffke: Nürburgring. S. 30.

realisierte Symbiose des Malerischen und Modernen maßgeblich. Zum zehnten Jubiläum der Nürburgring GmbH schrieb er: „Wie so vieles im Rheinland, wo Vergangenheit und Gegenwart, Romantik und Technik begegnen, ist auch der Nürburgring im romantischen Teil der Eifel ein Kind der Neuzeit." Neben diesen schönen Zitaten und Aussagen war jedoch allen klar, was der Nürburgring vor allem zu sein hatte: „ein Instrument zur Verbesserung und Sicherung der wirtschaftlichen Infrastruktur im Eifelbereich."[92]

3 Adenau und der Nürburgring

3.1 Die ersten Jahre

„Allerdings bedarf das in der ganzen Welt einzigartige Kreisunternehmen der nachhaltigsten Unterstützung [...]. Erst dann und nur dann wird der Nürburgring das werden können, was er werden soll [...]."[93]

Man war in der Eifel bereit für den Touristenansturm, ja, man wünschte ihn sich sogar. Zwei Jahre lang hatte der Bau der Rennstrecke gedauert, die den Kreis Adenau zum Ziel von Tausenden von Motorsportfans machen sollte. Mit der langsam steigenden Motorisierung Deutschlands erwartete man vor allem Autotouristen, die auch selbst einmal die Chance nutzen wollten, eine Runde über die Rennstrecke zu fahren[94]. Voraussetzung für diese Art von Touristen war natürlich eine gute Infrastruktur. Noch 1926 ließ Hans Bretz optimistisch verlauten, dass das „Straßennetz in der Eifel [...] zunächst einmal sehr stark, sodann aber auch durchweg in bestem Zustande"[95] sei. Bei dieser Aussage handelt es sich aus heutiger Sicht nicht nur um einen harmlosen Euphemismus, sondern um eine völlige Fehleinschätzung. Natürlich waren Zufahrtsstraßen, die direkt zum Ring führten, saniert oder ausgebaut worden. Es führten „beispielsweise gute Wege an das Karusell, aber auch an den Schwalbenschwanz und zum Brünnchen"[96], was für die Anwohner eine ungemeine Verbesserung ihrer alltäglichen Lebensumstände mit sich brachte. Die Probleme wurden jedoch erst an den Rennwochenenden sichtbar. Es fehlte den meisten Strecken nicht nur an qualitativen

---
92 Scheurer: Nürburgring. S. 216.
93 Delges: Bedeutung. S. 67.
94 Haffke: Nürburgring. S. 31.
95 ebd. S. 31.
96 ebd. S. 28.

Voraussetzungen wie Asphaltierung oder Befestigung, an Renntagen waren vor allem die Hauptzufahrtsstraßen durch Adenau schlichtweg zu eng. „Zustand [...] und Dichte des Straßennetzes entsprachen in keiner Weise dem Ansturm, den man sich vom Nürburgring erhoffte"[97]. Doch Geld, um eine Renovierung oder gar einen Ausbau der Wege zu finanzieren, wollte die preußische Regierung nicht mehr zur Verfügung stellen. Nach den Unsummen, die der Bau verschlungen hatte, waren auch die Kreiskassen endgültig erschöpft. Diese infrastrukturellen Probleme wurden daher erst in der Mitte der 30er Jahre angegangen und behoben, bis dahin hielt und blendete man sie weitestgehend aus.

Zunächst einmal stand die Spannung, Vorfreude und sportliche Begeisterung vor dem ersten Rennen im Mittelpunkt. Da der Bau zu großen Stücken dem ADAC zu verdanken war, „war es selbstverständlich, daß [...] [dieser] mit seinem klassischen Eifelrennen am 18./19. Juni 1927 den Nürburgring feierlichst eröffnete"[98]. Ein „Festtag [...] für die gesamte Rheinprovinz"[99] sollte es werden. Die gesamte Motorsportwelt richtete ihre Augen ein Wochenende lang auf Adenau, den ärmsten Landkreis der Rheinprovinz, der vor ein paar Jahren höchstens Wanderern und Naturfreunden ein Begriff war. Hier war in nur zwei Jahren etwas Unglaubliches entstanden. Landrat Creutz, am Ziel seiner Träume, sprach in seiner Eröffnungsrede erneut von der „Schönheit der Natur und [der] Technik des Menschen"[100], die im Nürburgring vereint wurden. Anschließend fand das erste Rennen auf dem frisch eröffneten Ring statt – ein Motorradrennen. Am Sonntag folgten dann verschiedene Läufe für Sportwagen. Den der größten Klasse gewann der Deutsche Rudolf „Karratsch" Caracciola, der als erster Sieger auf dem Nürburgring in die Geschichtsbücher einging. Er beschrieb ein paar Jahre später, was wohl die meisten Rennfahrer bei der ersten Fahrt über die neue Rennstrecke dachten.

„Als wir 1927 zum neueröffneten Nürburgring kamen, rissen wir die Augen auf. So etwas hatten wir noch nicht erlebt. Da lag mitten in den Eifelbergen eine Straße mit fast 180 Kuren, die auf 22 Kilometer verteilt waren. Eine Strecke mit Steigungen, die dem Motor scharf an die Lungen griffen, aber auch mit unsagbar schönen Ausblicken weit über das Land, auf Täler und Dörfer."[101]

Der Besucherandrang an diesen beiden Tagen war sehr groß, größer als die Eifel ihn je erlebt hatte. Und alle waren begeistert von dem, was man hier in so kurzer Zeit umgesetzt hatte. Der Kreis Adenau erntete Bewunderung und Anerkennung in nie gekanntem Maße. Die Erwartungen des

---

97 Haffke: Sibirien. S. 43.
98 O.V.: Nürburgring. S. 9.
99 Michels/Scheurer: Nürburgring. S. 22.
100 Behrndt/Födisch: 75 Jahre. S. 16.
101 zit. nach: Behrndt/Födisch: 75 Jahre. S. 16.

Landrats Dr. Otto Creutz wurden allerdings nicht erfüllt, was im Adenauer Kreisbericht des Jahres 1927 dem Wetter zugeschrieben wurde[102]. Genaue Zuschauerzahlen sind nicht überliefert, da der Großteil der Fans sich direkt an der noch weitgehend nicht umzäunten Strecke verteilte, „ohne zahlen zu müssen und ohne gezählt werden zu können."[103]
Bei diesem ersten Rennwochenende reichte die einheimische Arbeitskraft nicht aus. Wie schon beim Bau wurden auch Helfer aus der Umgebung bis Köln beschäftigt[104]. Allein diese Tatsache ließ die Verantwortlichen im Kreis Adenau hoffen, dass sich nun die wirtschaftliche Lage bessern würde. Außerdem war die Strecke schon kurz nach ihrer Eröffnung „national und international anerkannt"[105], was die Erwartung auf langfristige Erfolge weckte. Das Fazit am Ende des Jahres sah anders aus. Schon in den ersten Jahren begriff man: „So schnell wie der Massenandrang an den Renntagen sich nach dem Nürburgring entwickelte, ebenso schnell ebbte er wieder ab"[106]. Der Verwaltungsbericht des Nachbarkreises Ahrweiler fasst ein Jahr nach der Eröffnung die Enttäuschung über den Nürburgring in Worte:

„Die sportlichen Veranstaltungen auf dem Nürburgring brachten zwar […] einen verstärkten Automobilverkehr, der Fremdenzustrom nahm jedoch hierdurch an der Ahr nicht wesentlich zu. Nach den bisherigen Beobachtungen kann jedenfalls gesagt werden, dass die im Kreise Ahrweiler auf dem Nürburgring gesetzten Erwartungen nicht eingetreten sind."[107]

Die immensen Erwartungen der Politiker konnte die Rennstrecke vorerst nicht erfüllen und die „Euphorie der Anfangsjahre, die den Bau des Eifelkurses erst ermöglicht hatte"[108], war ein Jahr nach der Eröffnung so gut wie verflogen. Die der Einheimischen hielt jedoch noch an. Der Nürburgring hatte vielen von ihnen in den letzten Jahren Arbeit und Einkommen verschafft. Erst „das gute Land verkauft oder getauscht, dann bei der Bauphase Geld verdient, bei der Unterbringung der Gäste und jetzt [, an den Rennwochenenden,] beim Betrieb der Buden"[109]. Doch es handelte sich nur um ein angenehmes Zubrot und bot keineswegs eine langfristige Perspektive auf feste Arbeitsplätze – das „war nicht das Ziel dessen, was sich die Gründer des Nürburgrings 1925 unter der 'Heranziehung eines soliden Fremdenverkehrs' vorgestellt hatten"[110].
Das Hauptproblem war die unausgeglichene Auslastung des Rings. An wenigen Wochenenden im

---
102 Haffke: Nürburgring. S.37.
103 ebd. S. 37.
104 Behrndt/Födisch: 75 Jahre. S. 16.
105 ebd. S. 16.
106 Haffke: Nürburgring. S. 37.
107 ebd. S. 37.
108 Behrndt/Födisch: 80 Jahre. S. 14.
109 Haffke: Nürburgring. S. 46.
110 Haffke: Sibirien. S. 45.

Jahr, vor allem während des Eifelrennens und des Grand Prix von Deutschland, schien der Kreis Adenau aus allen Nähten zu platzen. Es gab aber kaum Hotels, da es während der Bauphase keine privaten Investoren gegeben hat, die Interesse an der Eifel gezeigt hatten, und die Anwohner schlichtweg kein Kapital besaßen[111]. Außerdem lohnte sich der Aufbau eines Hotels oder einer Gaststätte kaum für ein paar Tage regen Betrieb. Den Rest des Jahres blieb der „Fremdenverkehr"[112] in der Hocheifel allerdings ausbaufähig. Die meisten Motorsportfans, die nun den Großteil der Touristen ausmachten, blieben höchstens für ein Wochenende, wegen der verbesserten Zugverbindungen reisten viele aber auch früh morgens mit der Bahn an und verließen die Eifel abends schon wieder. Aufgrund der fehlenden Betten halfen sich vor allem jugendliche Besucher selbst – das Zelten auf den weiten Eifeler Wiesen wurde regelrecht zum Kult. Verdient wurde daran allerdings nicht viel.

Man fand jedoch recht schnell neue Verdienstmöglichkeiten, die man vorher nicht bedacht hatte: die Verpachtung von Reklamedächern, -plakaten oder -wänden. Denkt man an die anfängliche Kritik des Eifelvereins zurück, kann man sich denken, dass Beschwerden aus der Bevölkerung nicht lange auf sich warten ließen. Schon vier Monate nach dem ersten Rennen, im Oktober 1927, beschwerte sich der Provinzialkonservator der Rheinprovinz schriftlich bei der Regierung und fragte, „wo bei solchem Vorgehen die zugesagte loyale Berücksichtigung der Interessen von Natur und Heimatschutz"[113] bliebe. Nicht nur die bunten Werbeflächen boten aus seiner Sicht Grund zur Beschwerde, auch die Wellblechbaracken, die kurzfristig als Garage oder Werkstatt genutzt wurden, fielen ihm in der unberührten Landschaft der Hocheifel zu sehr auf. Der größte Kritikpunkt in den Augen des Provinzialkonservators war allerdings ein ganz konkretes Bauwerk: ein großer Pavillon der Firma Benz-Mercedes

„mit Aussichtsturm innerhalb der grossen Schleife auf einer Anhöhe am Start- und Zielplatz […], der nicht nur dem Turm der Burgruine […] Konkurrenz macht, sondern [laut ihm] auch allen Vereinbarungen Hohn sprechend weit über den Rahmen des Start- und Zielplatzes als Reklame hinaus sichtbar"[114]

sei. Anfang des Jahres 1928 lenkte der Landrat selbst ein. Er wollte nun eng „mit dem Herrn Provinzialkonservator […] zusammen […] arbeiten, um die Zusage des Kreises [betreffend des Landschaftsbildes] zu verwirklichen."[115] Es wurde außerdem festgehalten, dass keine Werbeflächen

---
111 Haffke: Nürburgring. S. 31.
112 ebd. S. 7.
113 Provinzialkonservator der Rheinprovinz an den Minister für Wissenschaft, Kunst und Volksbildung Carl Heinrich Becker betreffend der Werbemaßnahmen auf dem Nürburgring vom 8. Oktober 1927. Landeshauptarchiv, 537,031 Sachakte 103.
114 ebd.
115 Landrat Dr. Creutz an den Minister für Wissenschaft, Kunst und Volksbildung betreffend der Werbemaßnahmen

„von aussen und namentlich vom Turm der Nürburg"[116] zu sehen sein durften. Angesichts der sportlichen Euphorie, die trotz finanzieller Probleme oder unerfüllten Erwartungen an Rennwochenenden doch immer wieder auf dem Nürburgring herrschte, darf man nicht die Vielfältigkeit der entstandenen Rennstrecke vergessen. Neben den Auto- fanden hier auch Radrennen statt, wie die Radweltmeisterschaft für Straßenfahrer am 21. Juli 1927[117]. Vor allem aber muss man bedenken, dass man sich zur damaligen Zeit mitten in der technischen Entwicklungsphase der Automobilindustrie befand und dass die Rennen daher auch „technische Hochleistungsprüfungen [...] [waren], aus denen der gesamte Mobilbau"[118] lernen konnte. Denn neben einer Renn- war der Ring eben auch noch offizielle Prüfungsstrecke, dazu noch eine sehr anspruchsvolle. Testfahrten für Hochgeschwindigkeitszwecke wurden nach wie vor auf der AVUS in Berlin durchgeführt, denn hierzu fehlten dem Nürburgring die langen Geraden. Dafür war er umso gefragter, wenn es um echte Belastungsproben für die noch junge Automobiltechnik ging. „Fahrzeuge, die bei Versuchsfahrten auf dem Nürburg-Ring derartigen Anforderungen willig genügen, werden überall auch als Gebrauchswagen Verwendung finden können"[119], so lautete schon früh die Einschätzung von Experten. Denn

„seine Streckenschwierigkeiten mit starken Steigungen und Gefällen und den enormen Niveauunterschieden, der Kurvenreichtum [sowie] die Kurvenfolge [machten den Ring zur] idealsten Versuchsbahn, die für eine auch wirklich allseitige und gründliche Prüfung die beste Gewähr"[120]

bot. Diese vorherrschende Meinung wurde in den 30er Jahren im Slogan „Jeder lobt, was Nürburgring erprobt"[121] von Pressesprecher Hans Bretz wieder aufgenommen. Im Oktober 1927 erhielt der Kreis Adenau daher vom Reichsverkehrsministerium 50.000 Reichsmark „zur Durchführung wissenschaftlich-technischer Versuche auf dem Nürburgring"[122]. Im April und Mai des darauffolgenden Jahres führte außerdem der ADAC einige Testfahrten auf dem Eifelkurs durch. Für diese Jahre kann festgehalten werden, dass vor allem die deutsche Automobilindustrie von der Rennstrecke profitierte. Denn Fakt ist, dass kaum ein Land zu dieser Zeit eine derart fordernde und einer Landstraße so ähnliche Teststrecke zur Verfügung hatte.

---

auf dem neu eröffneten Nürburgring vom 3. Februar 1928. Landeshauptarchiv, 537,031 Sachakte 103.
116 Provinzialkonservator der Rheinprovinz an den Minister für Wissenschaft, Kunst und Volksbildung betreffend der Werbemaßnahmen auf dem neu eröffneten Nürburgring vom 8. Februar 1928. Landeshauptarchiv, 537,031 Sachakte 103.
117 Kafitz: Ziele. S. 17.
118 Rosemann: Preis. S. 15.
119 Haffke: Nürburgring. S. 30.
120 Delges: Bedeutung. S. 67.
121 Haffke: Nürburgring. S. 30.
122 Hans Dietrich de Niem betreffend die internationalen Rennen auf dem Nürburgring vom 18. August 1937. Landeshauptarchiv Koblenz, 441 Sachakte 34607.

Durch die Testläufe wurden zwar zusätzliche Gelder eingenommen, „der Kreis selbst hatte sich finanziell [jedoch] völlig übernommen"[123] und war damit als Träger des Nürburgrings endgültig überfordert. Am 17. Juli 1928 wurde aus diesem Grund die Nürburgring GmbH Adenau gegründet, die den Kreis als Träger ersetzen sollte. Von nun an sollten sich die finanziellen Probleme des Rings, die bis jetzt auch eng an die des Kreises Adenau gekoppelt waren, lösen. Zu 40 Prozent war die Rennstrecke seitdem in Besitz des Deutschen Reiches, zu 30 Prozent preußisches Eigentum. Die Rheinprovinz übernahm neun Prozent, der Reichsverband der Automobilindustrie zehn und die beiden größten Automobilclubs in Deutschland, der ADAC und der AvD, jeweils fünf Prozent[124]. Der Kreis Adenau besaß nach 1928 nur noch ein Prozent von dem Großprojekt, das ihm doch eigentlich Wohlstand und einen florierenden Tourismus bringen sollte. Trotz der Entwicklungen blieb der Kölner Alex Döhmer auch nach der Übernahme des Rings durch die Nürburgring GmbH Geschäftsführer. Allerdings wurde ohne den Einfluss des Kreises von nun an deutlich weniger Tourismusförderung betrieben, stattdessen wurde die Bedeutung der Eifelstrecke für die deutsche Automobilindustrie stärker betont[125]. Dieser Richtungswechsel war ganz im Sinne der beiden Automobilvereine. Noch immer dankten die Mitglieder, meist aus den großbürgerlichen Reihen des Volkes, dem Kaiser die finanzielle Unterstützung und Förderung während seiner Regentschaft. Nun wollten sie dafür sorgen, dass der Nürburgring auch ganz im Sinne seiner ehemaligen Majestät genutzt wurde und der neuen Deutschen Republik motorsportliche Erfolge brachte.

Die gewünschte finanzielle Verbesserung des Nürburgrings blieb allerdings aus. Ende Juli 1928 hatte die Nürburgring GmbH Adenau die Rennstrecke für 2,8 Millionen Reichsmark aufgekauft. Diese Summe entsprach der „Höhe der noch nicht gedeckten, kurzfristigen Schulden"[126] und gab der Rennstrecke erneut eine Chance zum Neuanfang. Ermöglicht wurde der Kauf durch ein Darlehen des Landes Preußen, das von den folgenden Gewinnen von der Trägergesellschaft zurückgezahlt werden sollte[127]. Doch die Weltwirtschaftskrise und ihre „erhebliche[n] Auswirkungen"[128] auf die Eifel machte den Verantwortlichen einen Strich durch die Rechnung. Schon 1928 nahmen beim sonst auch international sehr beliebten Eifelrennen kaum mehr ausländische Rennfahrer teil[129], die Gesamtzahl der Veranstaltungen nahm immer weiter ab[130]. Im Laufe des Jahres 1929 benötigte der Nürburgring und seine GmbH einen weiteren Kredit in Höhe von vier Millionen Reichsmark, der vom Land Preußen und zu Teilen sogar vom Deutschen Reich

---

123 Haffke: Sibirien. S. 44.
124 Haffke: Nürburgring. S. 36.
125 ebd. S. 36.
126 Behrndt/Födisch: Kreis. S. 130.
127 ebd. S. 130.
128 Behrndt/Födisch: Eifel. S. 22.
129 Behrndt/Födisch: 75 Jahre. S. 17.
130 Behrndt/Födisch: Eifel. S. 22.

zur Verfügung gestellt wurde. Doch die nachfolgende Zeit bis 1933 waren Jahre „politischer und wirtschaftlicher Unruhe[n], die sich auf alle Gebiete des Lebens ausdehnte[n]"[131] und auch die „Kraftfahrzeugindustrie musste [nun] kurz treten"[132]. Der Große Preis von Deutschland, einer der Höhepunkte der damaligen Rennsaison, musste 1930 aus finanziellen Gründen abgesagt werden. Doch es kam noch schlimmer für den deutschen Motorrennsport. Nach dem Ausbleiben der ausländischen Teilnehmer wirkte sich die Krise auch auf die deutschen Automobilhersteller aus. So musste beispielsweise die Rennabteilung von Mercedes-Benz 1931 geschlossen werden[133], die Anzahl der produzierten Automobile in Deutschland verringerte sich von 1931 auf 1932 um fast 20.000 Stück[134]. Die Motorisierung hatte Deutschland gerade erst erreicht, da stagnierte sie auch schon wieder – das Automobil wurde zum Luxusgut, die Besucherzahlen des Nürburgrings waren auf einem neuen Tiefpunkt angelangt. Aus heutiger Sicht ist es nur dem „Idealismus der Privatfahrer"[135] zu verdanken, dass der Motorsport weiterhin, wenn auch nicht mehr so populär, bestand.

Selbst wohlhabende Menschen fingen in dieser Krisenzeit an, um ihre Existenz zu bangen. Wie sehr sich die sowieso schon ärmlichen Menschen in der Eifel sorgten, ist leicht vorstellbar. Ihre Geschichte wiederholte sich – wie schon 1914 wurden die ersten Erfolge von internationalen Begebenheiten zunichte gemacht. Abgesagte Rennen und ausbleibende Touristen prägten die Zeit der Weltwirtschaftskrise in der Eifel. Nachdem man alles auf den Nürburgring gesetzt hatte, waren die Adenauer nun auch von der Entwicklung des Motorsports abhängig. Das Zubrot, an das die Eifeler sich in den letzten zwei bis drei Jahren gewöhnt hatten, fiel nun schlagartig weg. Es wurden weniger Betten und Zimmer bei den Rennen, sofern diese noch stattfanden, gebraucht, und auch die Buden am Ring selbst nahmen weniger ein. Hinzu kam die Hyperinflation, die die finanziell unsichere Lage in der Eifel zusätzlich noch einmal verschlimmerte. Allerdings war es nun von Vorteil, dass viele Eifeler immer noch Selbstversorger waren und somit nicht auf die schier endlos hohen Lebensmittelpreise in den Städten angewiesen waren.

Kurz vor Ende der Weltwirtschaftskrise war der Kreis Adenau finanziell am Ende. Nachdem er vier Jahre zuvor seine Rechte am Nürburgring fast gänzlich abtreten musste, wurde er nun komplett aufgelöst. Ende September 1932 teilte man Adenau „zur Sicherung des Haushalts, zur Vereinheitlichung der öffentlichen Verwaltung sowie zur besseren Verteilung und sparsamen

---
131 Behrndt/Födisch: 75 Jahre. S. 20.
132 ebd. S. 20.
133 ebd. S. 20.
134 ebd. S. 23.
135 ebd. S. 20.

Nutzung der Arbeitskräfte"[136] zwischen den Kreisen Mayen und Ahrweiler auf[137]. Neben 14.000 Einwohnern und 334 Quadratkilometern Land ging auch der Nürburgring zum Kreis Ahrweiler über [138]. Doch das blieb nicht die einzige Schmach, die Dr. Otto Creutz, bis zur Auflösung des Kreises Landrat, miterleben musste. Man warf ihm Veruntreuung von Millionen von Reichsmark während der Bauphase vor[139] – Vorwürfe, die sich später als unwahr herausstellten, den ehemaligen Landrat jedoch in den Selbstmord trieben. Der Vater, Schöpfer und größte Fan des Nürburgrings war ihm letztendlich zum Opfer gefallen und mit ihm der Kreis Adenau.

Der Ring selbst lebte weiter. Der Weltwirtschaftskrise folgte eine Zeit, die heute als Blütezeit des deutschen Rennsports beschrieben[140] wird, als Silberpfeil-Ära. Bis 1939 sollte „der Nürburgring seiner sportlich/wirtschaftlichen Doppelrolle vollauf gerecht werden"[141], wenn auch nur durch hohe staatliche Subventionen, die vor allem Adolf Hitler zu verdanken waren. Dass ausgerechnet dieser Mann, der „den Motorsport wieder zum [deutschen] Volkssport"[142] machte, am Ende seiner Herrschaft fast ganz Deutschland in den Untergang geführt hätte, damit rechnete in diesen Jahren noch keiner. Die deutsche Hegemonie und das alte Prestige, erst auf der Rennstrecke und dann in Europa, wurde nach den Jahren der Krisen und Entbehrungen auch in der vorerst Eifel genossen.

3.2 Der Nürburgring ab 1933 – eine Rennstrecke zwischen Prestige und Propaganda

„Schon seit Jahren geht ein Geraune durch die Welt, der Nürburgring
würde bald nicht mehr existieren, am Nürburgring
würden keine Rennen mehr gefahren werden. [...].
Der Nürburgring ist da und er wird bleiben!"[143]
Alex Döhmer, 2. Mai 1939

Nur zwölf Tage nach seiner Ernennung zum Reichskanzler schaffte Adolf Hitler im Februar 1933 zuerst die Kraftfahrzeugsteuer ab und begann dann, die Auto- und Rennindustrie in großem Stil zu

---

136 Siepmann: Amtssitz. S. 20.
137 Haffke: Nürburgring. S. 40.
138 Blum: Adenau. S. 13.
139 Scheurer: Nürburgring. S. 209.
140 Scheurer: Nürburgring. S. 213.
141 Kafitz: Ziele. S. 18.
142 Bretz: Jahre. S. 54.
143 Rede von Alex Döhmer auf der Tagung der Westdeutschen Sportpresse auf dem Nürburgring vom 2. Mai 1939.
  LHA Koblenz, 441 Sachakte 34607.

subventionieren[144]. Auto Union erhielt 300.000 Reichsmark an staatlichen Mitteln, Daimler-Benz sogar 500.000[145]. Insgesamt konnten durch finanzielle Unterstützungen dieser Art in den folgenden Jahren bis 1939 „20 % der Rennsportkosten der Auto Union"[146] gedeckt werden. Allein dieser Fakt verdeutlicht noch einmal die unglaubliche Bedeutung der staatlichen Finanzspritzen für die Autohersteller. Hitler, selbst Rennsportfanatiker[147], hatte allerdings nicht nur sportliches Interesse an den Automobilrennen. Wie einst im Kaiserreich sollte der Rennsport für Deutschland zu einer Art „Stellvertreterkrieg"[148] werden. Erst sollte in der *Grünen Hölle*, dann auf dem Schlachtfeld über die restlichen Nationen gesiegt werden. Tatsächlich sah man seit 1934, vor allem bei den deutschen Grand Prix, nur noch selten ausländische Fahrer auf den Siegerpodesten.

Mit seiner unvergleichlichen Lage in einer der schönsten Landschaften Deutschlands und seinen hohen Ansprüchen an Fahrer und Fahrzeug stellte der Nürburgring im Dritten Reich das Zentrum dieser Vorstellungen dar und avancierte zur meistbesuchten Rennstrecke[149]. Als „Stätte des Sports der Nationen [...] [sollte der Eifeler Rennkurs im Dritten Reich] völkerversöhnend und völkerverbindend"[150] wirken – zumindest hieß es so in der deutschen Propaganda. Jedes motorsportliche Ereignis, das dort stattfand, war schon bald eng mit der NSDAP verknüpft. Die prestigeträchtigen Rennen wurden über Volksempfänger übertragen und so zu „Volksveranstaltungen in des Wortes bester Bedeutung"[151] gemacht. Gewann man den Großen Preis von Deutschland, gab es nicht mehr nur den herkömmlichen Pokal, sondern auch den Ehrenpreis des Führers. Auch in die Nachwuchsförderung flossen seit 1933 staatliche Mittel – man wollte schließlich auch am Ende des Tausendjährigen Reiches noch die besten Rennfahrer haben. Die Motor-HJ war mit 120.000 Mitgliedern die größte Untergruppierung der Hitlerjugend[152]. Später ging sie in dem NSKK auf, dem Nationalsozialistischen Kraftfahrkorps, das größtenteils auch die Rennorganisation während der NS-Zeit übernahm. Die technische Förderung der Jugend in der Automobilindustrie fand zwar unter dem Deckmantel des Sports statt, war aber spätestens seit 1935 auch eine kriegsvorbereitende Maßnahme. Neben Geländefahrten und technischen Grundlagen gab es Übungen, die ganz gezielt auf den Kampfeinsatz vorbereiten sollten. Dazu gehörten „Kartenkunde, Fahrzeugexerzieren [und] [...] Geländebeschreibung."[153] Der Rennsport war für die nationalsozialistischen Machthaber demnach nicht nur ein willkommenes Mittel für ihre

---
144 Haffke: Nürburgring. S. 40.
145 Behrndt/Födisch: 75 Jahre. S. 23.
146 Schramm: Konsum. S. 249.
147 Bastian: Jahrhundert. S. 99.
148 Haffke: Nürburgring. S. 41.
149 ebd. S. 45.
150 Niessen: Wirtschaft. S. 24.
151 Koll: Bedeutung. S. 94.
152 Hochstetter: Art. S. 145.
153 ebd. S. 145.

Propaganda, sondern auch eine günstige technische Vorbereitungsmöglichkeit auf den geplanten Krieg.

Schwarze Zahlen schrieb der Ring nach wie vor jedoch nicht. Im Mai 1933 war das vier Jahre alte Darlehen des Landes Preußen an die Nürburgring GmbH noch immer nicht abbezahlt worden. Doch aufgeben wollte man die Eifeler Rennstrecke weder von Seiten der Einheimischen noch von der der neuen Regierung in Berlin. Kurzerhand erließ Preußen dem deutschen Prestigeprojekt 90 Prozent der Schulden und ermöglichte der Rennstrecke und ihren Trägern so einen finanziellen Neustart[154]. Mit dem Gesetz über den Neuaufbau des Reiches vom 30. Januar 1934 und der daraus folgenden Auflösung der Länder fiel der Eifelkurs zu 100 Prozent dem Staat zu. Inwieweit seitdem noch sachlich über die finanzielle Lage berichtet wurde, bleibt fraglich. Öffentlich wurde der Ring jedoch nur noch mit den positivsten Attributen umschrieben.

Mit der sogenannten Silberpfeil-Ära ab 1934, benannt nach den silberfarbenen Rennwagen der deutschen Hersteller Auto Union und Mercedes-Benz, begann für den Nürburgring eine „sportliche und wirtschaftliche Blüte"[155]. Wem diese zu verdanken war, konnte die deutsche Bevölkerung der Propaganda leicht entnehmen – dem Führer höchstpersönlich. Besonders deutlich wird das auch noch mal in einem Telegramm des Chefs der NSKK Adolf Hühnlein an Hitler, in dem er dem Reichskanzler „für die tatkräftige Förderung, die die deutsche Kraftfahrt durch"[156] ihn erfahren hat, dankt. Konkreter Anlass dieses Telegramms war das Internationale Eifelrennen 1934, bei dem die deutschen Fahrer Manfred von Brauchitsch im Mercedes-Benz und Hans Stuck in Auto-Union die ersten beiden Plätze belegten[157]. Hitlers Bemühungen im Automobilsport hatten sich schon ein Jahr nach seiner Machtübernahme ausgezahlt. Von nun an waren die Siege deutscher Rennfahrer auch immer die des Führers. Diese als „wirtschaftliche Blütezeit" beschriebenen Jahre gelten allerdings nur auf den Ring bezogen, „an den strukturellen Problemen des Tourismus in der Hocheifel"[158] änderte sich für die Adenauer nichts. Dass immer mehr Touristen kamen, nützte ihnen reichlich wenig, denn schon mit der Hälfte der Besucher an den Rennwochenenden war die Eifel logistisch überfordert. Es konnten also nicht mehr Betten oder Zimmer vermietet werden, da es sowieso schon zu wenige gab. So nutzte die Silberpfeil-Ära, die vom NS-Regime so viel gelobt wurde und noch heute als wirtschaftlich stabile Zeit für Nürburgring, Motorsport und Eifel gilt, den Eifelern selbst kaum.

Beim Großen Preis von Deutschland 1935 war zu verzeichnen, dass der Besucherandrang „der

---

154 Behrndt/Födisch: Kreis. S. 134.
155 Scheurer: Nürburgring. S. 213.
156 Bruppacher: Geschichte. S. 402.
157 ebd. S. 402.
158 Haffke: Sibirien. S. 44.

stärkste seit dem Bestehen des Ringes"[159] war. Ausschlaggebend dafür waren neben dem wirtschaftlichen Aufschwung zu dieser Zeit zwei weitere Aspekte. Zum Einen ging das Gerücht herum, der Führer selbst komme am Renntag[160], was das Interesse beim Volk natürlich noch einmal verstärkte und wahrscheinlich von der NSDAP selbst gestreut wurde. Zum Anderen waren in den letzten Jahren die infrastrukturellen Gegebenheiten erheblich verbessert worden. Beispielsweise hatte man den Adenauer Bahnhof ausgebaut und setzte an Renntagen Sonderzüge ein. Außerdem waren die Parkplätze rund um den Ring bis 1935 erweitert worden, so dass sie nun bis zu 50.000 Stellplätze boten[161]. Diese wurden aufgrund der zwar späten, aber nun immer weiter steigenden Motorisierung im Deutschen Reich auch benötigt. Allerdings geschah dies zum Leidwesen der Landwirte rund um den Nürburgring. Denn außerhalb der beiden großen Rennen im Jahr waren die Parkplätze eigentlich Weiden und wurden von den Veranstaltern nur kurzzeitig gemietet. Doch wegen Rückständen wie Öl oder Blechteilen und den vielen Reifenspuren hatten die Bauern bei diesem Geschäft einen hohen Qualitätsverlust ihres Stück Landes zu verkraften[162]. Auch für die Besucher war diese Lösung nicht ideal. Denn die Parkplatzsituation hatte sich zwar quantitativ, aber nicht qualitativ verbessert. Trotz der Parkgebühr von drei Reichsmark blieb das Abstellen der Autos wegen „Bäume[n], Wurzeln und andere[n] Hindernisse[n]"[163] beschwerlich.

So erfreulich der immense Besucherandrang für die Adenauer und den Ring selbst auch war, er zeigte noch einmal die größte Schwäche der Eifeler Rennstrecke, die bisher meist ignoriert worden war – die Infrastruktur um den Ring herum. Vor allem in Adenau selbst wurden die Verkehrsverhältnisse an Renntagen als „unhaltbar"[164] beschrieben. Spätestens ab sieben Uhr morgens war die Hauptstraße, die durch Adenau zum Ring hin führte, dicht. Besonders wegen der Bahnschranken kam es immer wieder zu längeren Stauungen. Die Situation nach dem Rennen war nicht wirklich besser. Obwohl dieses schon um halb vier beendet wurde, waren die Straßen in Adenau erst wieder gegen 21 Uhr frei. Eine „Entlastung"[165] erhoffte man sich durch den Bau einer alternativen Strecke zwischen Brohl und Kirmutscheid. Außerdem wurden Verbesserungen der Straßen in Döttingen, Oberbaar und Virneburg geplant sowie ein Ausbau der Strecken zwischen Brück und Staffel und zwischen Kaltenborn und Kesseling[166]. Je länger man mit dem Ausbau bis jetzt gewartet hatte, desto schneller wollte man nun handeln. Im September des Jahres 1935

---

159 Hans Dietrich de Niem betreffend den polizeilichen Einsatz anlässlich der Rennen auf dem Nürburgring vom 12. August 1935. LHA Koblenz, 441 Sachakte 34607.
160 ebd..
161 Haffke: Nürburgring. S. 47.
162 Hans Dietrich de Niem betreffend die internationalen Rennen auf dem Nürburgring vom 18. August 1937. LHA Koblenz, 441 Sachakte 34607.
163 ebd.
164 ebd.
165 ebd.
166 ebd.

entschieden die Oberpräsidenten aus Düsseldorf und Koblenz, dass die Zufahrtsstraßen durch Adenau im Zuge der Bauarbeiten am Nürburgring zu genüge ausgebaut worden und mit einer Durchschnittsbreite von sechs Metern breit genug für den erwarteten Verkehr wären. Hier sollte man eine andere Lösung für der Verkehrsproblem finden[167]. Außerdem gab es rechtliche Probleme beim Ausbau der Strecken Kaltenborn-Kesseling und Brück-Staffel. Diese befanden sich im Besitz des Provinzialverbandes oder des Kreises, der Oberpräsident der Rheinprovinz hatte daher keinen Einfluss auf diesen Bereich. Dafür wurde schon im folgenden Januar eine Umgehungsstraße durch Oberbaar für 80.000 Reichsmark genehmigt[168]. In Adenau plante man nun zur Sicherheit der vielen Fußgänger Brücken, die über die Straße führen sollten und so auch den Verkehrsfluss nicht beeinträchtigen sollten. Der Ausbau der Straßen durch Müllenbach und Döttingen für 21.000 und 25.000 Reichsmark sollte weiterhin geprüft werden. Die Kosten würde das Deutsche Reich tragen, denn der Kreis Ahrweiler verfügte über keine Mittel. Die Aufteilung des Kreises Adenau hatte zwar sowohl Ahrweiler als auch dem Nachbarkreis Mayen mehr Einwohner und Fläche gebracht, ihre finanzielle Situation jedoch keineswegs verbessert.[169]

Beim nächsten Großen Preis von Deutschland am 26. Juli 1936 wurden am Renntag durchschnittlich 24.859 Fahrzeuge auf den Straßen rund um den Nürburgring gezählt[170]. Um ein weiteres Verkehrschaos zu vermeiden, erließ der Kreis Ahrweiler eine polizeiliche Anordnung, die die Hauptzufahrtsstrecken während der An- und Abfahrtszeiten zu Einbahnstraßen erklärte. Von fünf bis elf Uhr morgens durfte man nur in Richtung des Rings fahren, erst von 15 bis 21 Uhr wieder in die Gegenrichtung[171]. So konnte man trotz des massiven Andrangs Staus und blockierte Straßen vermeiden. Die enorme Geräuschs- und Abgasbelastung durch die Auto- und Besuchermassen für die Anwohner wurde jedoch nicht gemindert.

Nach wie vor blieben der Große Preis von Deutschland und das Eifelrennen Hauptattraktionen am Nürburgring. Sie wurden sogar als die „größten sportlichen Ereignisse Westdeutschlands"[172] oder „wahre Volksfeste"[173] beschrieben. Vor allem das Eifelrennen wurde in der NS-Zeit zur „schönste[n] und großartigste[n] Veranstaltung des deutschen Motorsports"[174] stilisiert und, ähnlich wie die Olympischen Sommerspiele 1936, für die nationalsozialistische Propaganda genutzt. Es galt als die

---

167 Landeshauptmann der Rheinprovinz (Düsseldorf) Haake an den Oberpräsident der Rheinprovinz (Koblenz) Terboven betreffend die Verkehrsverhältnisse am Nürburgring vom 25. September 1935. LHA Koblenz, 441 Sachakte 34607.
168 Regierungsrat Goebel in einer Besprechung betreffend die Verbesserung des Straßennetzes am Nürburgring vom 28. Januar 1936. LHA Koblenz, 441 Sachakte 34607.
169 siehe auch: Karte Nürburgring und Zufahrtsstraßen (S. 37) zur besseren Orientierung.
170 Hans Dietrich de Niem an die Provinzialverwaltung in Düsseldorf betreffend der Parkplätze am Nürburgring. LHA Koblenz, 441 Sachakte 34607.
171 ebd.
172 ebd.
173 ebd.
174 O.V.: Nürburgring. S. 9.

ur-deutsche unter allen Rennveranstaltungen und fand dazu in einer der schönsten Regionen des Reiches statt. Ein Rennen, auf die Beine gestellt von einfachen und bescheidenen Männern, das seither die internationale Rennszene begeistert. Das Ziel, ein „klassisches Fremdenverkehrsgebiet"[175] in der Eifel zu etablieren, stand für die Nationalsozialisten hinten an. Für sie zählte in erster Linie der propagandistische Nutzen der Rennstrecke, für den bald auch die deutschen Fahrer eingespannt wurden. Erfolgsfiguren des Rennsports wie Bernd Rosemeyer, Hans Stuck oder Manfred von Brauchitsch sollten die Popularität des Sports noch einmal steigern. Sie trugen ebenfalls zur Faszination und Mystifizierung des Nürburgrings bei. Vor allem Rosemeyer, groß, blond, ehrgeizig und damit ein Glücksfall für die deutsche Propagandaabteilung, lobte die Rennstrecke rund um die Nürburg wann immer er konnte. Die sportliche Propagandabereitschaft der NSDAP ging so weit, dass der tödliche Unfall des Auto Union-Fahrers von Delius 1937 auf dem Nürburgring mit dem Satz kommentiert wurde, „er habe sein Leben im Kampf für das Vaterland hingegeben"[176]. Nach dem Tod Bernd Rosemeyers, der ein Jahr später bei dem Versuch, eine neue Rekordgeschwindigkeit aufzustellen, verunglückte, wurde sogar die Staatstrauer ausgerufen und der Rennfahrer so zum tragischen Helden gemacht[177].

Selbst im offiziellen Jahrbuch des Kreises Ahrweiler aus dem Jahr 1939 kann man die Beschreibung des Rings und seiner Veranstaltungen kaum mehr als objektive Zusammenfassung beschreiben.

„Die Rennen auf dem Nürburgring [...] tragen sowohl in ihrer Besetzung als auch im Hinblick auf den Kreis der Massenbesucher internationalen Charakter. Hier spielen sich in jedem Jahre Ereignisse ab, die nicht nur die nach Hunderttausenden zählenden Besuchern, sondern darüber hinaus die Motorsportfreunde der ganzen Welt für kurze Zeit in fiebernder Spannung halten. [...] Und wenn hier oben auf dieser einzigartigen Sportstätte [...] die international bedeutsamen rennsportlichen Kämpfe ausgetragen werden, dann eilen die Menschen aus allen Gauen des Reiches und aus dem Ausland herbei."[178]

Auffallend sind Ausdrücke wie „rennsportliche Kämpfe", die hier erneut die tiefere Bedeutung des Sports als Stellvertreterkrieg zeigen. Diese Propaganda wird sich bis zum Kriegsausbruch 1939 noch weiter verstärken. Die wiederholte Betonung des „internationalen Charakter[s]" der Rennveranstaltungen sollte die sportliche Fairness der Nationalsozialisten darstellen und die deutsche Dominanz im Motorsport legitimieren. Aussagen, die diese These bestätigen, lassen sich auch in der Zeitschrift *Der Nürburgring* finden, die von der Nürburgring GmbH selbst herausgegeben wurde. „Das Eifelrennen ist international! Das bedeutet also, daß wir hier unsere

---
175 Haffke: Nürburgring. S. 48.
176 zit. nach: Schramm: Konsum. S. 249.
177 Bastian: Jahrhundert. S. 99.
178 Koll: Bedeutung. S. 94.

Kräfte messen wollen mit den besten Vertretern des Motorsports, die uns das Ausland schickt."[179] Neben der deutschen Sportlichkeit und Toleranz scheint hier auch eine leichte Angriffslust durch, die in den nächsten zwei Jahren doch bedeutend ansteigen sollte.

Neben diesen propagandistischen Aussagen, die durchaus auf einer Metaebene des Sports zu verstehen sind, sind in diesem Jahrbuch auch schlichtweg Falschaussagen zu finden. Beispielsweise wird geschrieben, dass sich die Besucherzahl seit „der Eröffnung des Nürburgrings [...] von Jahr zu Jahr gesteigert"[180] hat. Eine Vorstellung, die sicher gut in das kreierte Image der Rennstrecke gepasst hätte, aber keineswegs der Realität entsprach. Beim Großen Preis von Deutschland im Jahre 1937 ging der Besucherandrang im Vergleich zum Vorjahr beispielsweise zurück. Vor allem die „Massenbesucher internationalen Charakter[s]"[181] blieben aus, obwohl „Rennen auf dem Nürburgring [...] von jeher in [...] der internationalen Motorsportwelt eine besondere Anziehungskraft"[182] besaßen. Hauptverantwortlicher Hans Dietrich de Niem sah die Gründe für das Fernbleiben der deutschen Besucher in der „gewissen Geldknappheit an sich, in den erhöhten Eintrittspreisen und den hohen Parkplatzgebühren"[183]. Außerdem ist die abnehmende Besucherzahl bei den Rennen damit zu erklären, dass durch die anhaltend starke Propaganda, die den Rennsport seit vier Jahren zum Volkserlebnis stilisierte, die meisten Deutschen sich tatsächlich schon einmal ein Rennen angesehen hatten und ihnen nun eine Übertragung am Volksempfänger genügte.

Was immer noch nicht genügte, waren die vorhandenen Betten in der Eifel. Die „Gasthäuser und Privatquartiere rund um die Rennstrecke waren [auch 1937] rettungslos überfüllt"[184]. Wie jedes Jahr reisten so viele Touristen anlässlich der beiden großen Rennen in die Eifel, „dass man mangels einer geeigneten Infrastruktur dieses gewaltige wirtschaftliche Potential nicht optimal ausschöpfen konnte"[185]. Hätte man in der Bauphase private Investoren gefunden, die Gasthöfe oder Hotels in der Eifel finanziert hätten, hätten nun viele Eifeler eine andere langfristige Beschäftigung als die in der Landwirtschaft. Aufgrund der unausgeglichenen Auslastung des Nürburgrings ist es allerdings fraglich, ob sich Investitionen dieser Art gelohnt hätten. Bei den kleineren Rennen, bei denen beispielsweise Nachwuchsfahrer gesucht wurden, oder an rennfreien Wochenenden waren viel zu wenig Touristen in der Eifel, „als dass sich die Schaffung dauerhafter touristischer Einrichtungen [...] [wirklich] gelohnt hätte."[186] Durch die unausgeglichene Verteilung der Besucher des

---

179 O.V.: Eifelrennen. S. 5.
180 Koll: Bedeutung. S. 95.
181 Koll: Bedeutung. S. 94.
182 Koll: Bedeutung. S. 94.
183 Hans Dietrich de Niem betreffend die internationalen Rennen auf dem Nürburgring vom 18. August 1937. LHA Koblenz, 441 Sachakte 34607.
184 Haffke: Nürburgring. S. 33.
185 Haffke: Nürburgring. S. 47.
186 Haffke: Nürburgring. S. 47.

Nürburgrings fand sich kein gesundes ökonomisches Mittelmaß, die Hocheifel schwankte viel mehr zwischen den Extremen, was viele private Investoren abschreckte. Durch die praktisch kaum vorhandenen touristischen Betriebe kam es an Rennwochenenden dazu, dass „an den guten Zuschauerplätzen […] eine Zeltwand an der anderen"[187] stand. Das Zelten an der Eifelstrecke wurde bis in die 70er Jahre zum Kult und war für viele Motorsportfans ein fester Bestandteil der Rennen am Nürburgring.

Auch in den folgenden Jahren bis zum Beginn des Zweiten Weltkriegs blieb die Eifel und mit ihr der Nürburgring trotz der anhaltenden Propaganda des NS-Regimes nur Ausflugsziel. Auch die halbherzigen Versuche, in der Eifel ein Wintersportgebiet zu etablieren, scheiterten. Trotz der Hohen Acht und langen Winter war der Schneefall einfach zu unstetig[188]. Der Motorsport war jedoch weiterhin fester Bestandteil des einheimischen Lebens. Angesichts der steigenden Aufrüstung und der kritischen Entwicklung der internationalen Beziehungen fanden allerdings immer weniger Rennen auf dem Nürburgring statt. Mit dem Kriegsausbruch im September 1939 verschwand der Motorsport schließlich ganz aus der nationalsozialistischen Propaganda und aus dem Bewusstsein der meisten Menschen. Die Rennstrecke an der malerischen Nürburg, auf der einst die deutschen Fahrer für ihr Vaterland kämpften, musste den Schützengräben und Schlachtfeldern weichen. Die neuen Helden der Deutschen waren jetzt Soldaten. Im Laufe des Krieges verfiel die Rennstrecke immer mehr. Selbst das Augenmerk der Einheimischen war nicht mehr auf *ihren* Ring gerichtet, angesichts der Sorgen und Not, die der Krieg mit sich brachte. Aus der Gebirgs-, Renn- und Prüfstrecke wurde eine Straße für amerikanische Panzer und ein Kriegsgefangenenlager. „Das Bild des Nürburgrings hat sich in der Zwischenzeit mehrfach gewandelt, sein Mythos ist geblieben."[189]

---

187 ebd. S. 33.
188 Haffke: Nürburgring. S. 47.
189 Haffke: Nürburgring. S. 7.

4 Fazit

"Die Idee, 1925 mitten in der Eifel mit dem Bau der größten permanenten Rennstrecke zu beginnen und deren Realisierung innerhalb von nur zwei Jahren zum größten Teil abzuschließen, kann auch heute noch Bewunderung hervorrufen."[190]

Ähnlich wie heute hatte man in der Eifel schon damals sehr hohe Erwartungen an den Nürburgring. Als Anfang des 20. Jahrhunderts erstmals über eine Rennstrecke mitten in der Hocheifel gesprochen und dieses Unterfangen nach dem Ersten Weltkrieg erneut aufgegriffen wurde, bot sich für viele Eifeler zum ersten Mal eine finanzielle Perspektive außerhalb der Landwirtschaft. Vor allem der Bau des Rings ermöglichte vielen Anwohnern eine Zuverdienstmöglichkeit, die durch den Betrieb von Buden und die Vermietung von Betten auch nach der Eröffnung bestehen blieb. „Das [...] genügte für ein schönes touristisch bedingtes Zubrot für die einheimische Bevölkerung, für die Begründung eines 'soliden Fremdenverkehrs' in der Hocheifel war es zu wenig"[191]. Gilt das Projekt *Nürburg-Ring* von 1925 mit dieser Erkenntnis also als gescheitert? Besonders Dr. Otto Creutz hatte in seiner Zeit als Landrat alles daran gesetzt, die wirtschaftliche Situation der Menschen in seinem Kreis zu verbessern. Das Projekt *Nürburgring* „war ein einzigartiger und [...] großer Versuch, das Wirtschaftsleben in der Eifel nachhaltig und neuartig zu fördern"[192]. Gänzlich gescheitert ist es sicherlich nicht. Letztendlich blieb die Eifel aber, was sie war; und auch der Nürburgring vermochte es nicht, sie zu einer beliebten Urlaubsgegend zu machen. Das westdeutsche Mittelgebirge war nach wie vor ein Tagesausflugsziel. Die ersten Jahre mit ihrem Ring verbrachte die Eifel zwischen unvorstellbaren Menschenmassen und unerfüllten Erwartungen – an den beiden großen Rennwochenenden zu viele Touristen, um alle unterbringen zu können, aber den Rest des Jahres zu wenige, als dass man von einem regen Tourismusbetrieb hätte sprechen, geschweige denn leben können.
Als die Weltwirtschaftskrise 1929 auch die deutsche Konjunktur zum einstürzen brachte, blieb die Nürburgring GmbH und mit ihr die Rennstrecke nicht davon verschont. Nur zwei Jahre nach der offiziellen Eröffnung stand die Eifeler Rennstrecke vor dem finanziellen Aus. Doch trotz der schwierigen ersten Jahre gaben weder die Eifeler noch die preußische Regierung den Ring niemals auf – und fanden in Adolf Hitler schließlich einen Verbündeten. Bis heute verkörpert kaum etwas die folgende sportliche und wirtschaftliche Blüte des Nürburgrings so gut wie die Silberpfeile, die

---

190 Behrndt/Födisch: Eifel. S. 21.
191 Haffke: Nürburgring. S. 47.
192 Blum: Adenau. S. 42.

während der deutschen NS-Zeit die Rennen dominierten. Die Fahrzeuge wurden zu Siegesgaranten, die Fahrer zu Volkshelden und die Eifeler Rennstrecke zum Kriegsschauplatz stilisiert. Wenn die deutsche Autoindustrie Fahrzeuge produzierte, die die anderen Techniker nur staunen ließ, wenn die Maseratis, Bugattis und Alfa Romeos kaum mehr eine Chance gegen die Automobile von Auto Union und Daimler Benz hatten und die deutschen Fahrer eine anspruchsvolle und schwierige Strecke wie den Nürburgring so viel besser zu meistern wussten als die Italiener, Franzosen oder Briten – wie konnte man dann einen Krieg verlieren? Die Vorherrschaft im Automobilsport wurde zum „Stellvertreterkrieg"[193]. Eine politisch betrachtet sicherlich gefährliche Entwicklung, die dem Nürburgring allerdings die ersten stabilen Jahre seit seiner Eröffnung gewährte.

Um auf die anfangs gestellte Frage zu antworten, wer von dem Nürburgring profitierte, ist also klar festzustellen: Hitler nutzte den Automobilrennsport für seine Propaganda und zu populistischen Zwecken. Der Nürburgring wurde zum Zentrum, zum Dreh- und Angelpunkt der motorsportlichen Ideologie des NS-Regimes. Allerdings musste sich die Nürburgring GmbH in dieser Zeit auch keine Sorgen um die Finanzen des Rings machen – zum ersten Mal in seiner noch jungen Geschichte. Durch die permanente Werbung für die Rennen erlebte der Motorsporttourismus in der Eifel eine Rekordbesucherzahl nach der nächsten. An diesem Ansturm verdienten natürlich auch die Eifeler, vor allem die direkten Anwohner in und um Adenau. Als Verkäufer in den vielen kleinen Buden oder Streckenposten konnte am Rennwochenende auf dem Ring selbst verdient werden. In den Häusern und Wohnung rückten Familien zusammen, so dass freie Zimmer vermietet werden konnten. Für die überwiegend armen Eifeler seit 1927 eine sehr willkommene Möglichkeit, sich etwas Bares dazuzuverdienen. Außerdem hatte der Großteil der Bevölkerung um Adenau, ja sogar manche Kölner, während des Baus verdient und Anwohner hatten ihr karges Land zu erstmals guten Preisen verkaufen können. Vor diesem Hintergrund erfüllte der Nürburgring zumindest auf den ersten Blick die Erwartungen, die an ihn gestellt wurden.

Wie bereits in vorherigen Ausführungen erwähnt, fehlten der Eifel nach wie vor Investoren, um parallel zum Bau des Rings Hotels, Gaststätten und andere touristische Attraktionen errichten zu können. Dass weder die Weimarer Regierung noch die Anwohner diese Aufwendungen hätten leisten können, ist aufgrund der Unsummen, die der Bau des Rings verschlungen hat, und der wirtschaftlichen und politischen Krisen und Unruhen dieser Zeit durchaus nachvollziehbar. Allerdings bleibt es unverständlich, warum dieses Versäumnis nicht nach 1933 nachgeholt wurde. Angesichts der immensen Beträge, die die nationalsozialistischen Verantwortlichen in die Motorsportentwicklung und Werbung investierten, bleibt es fraglich, warum der Tourismusbetrieb in der Eifel nicht stärker finanziell gefördert wurde. Zwar wurden einige Hotels errichtet und die

---

193 Haffke: Nürburgring. S. 41.

Infrastruktur in und um Adenau ausgebaut und verbessert, jedoch geschah dies nur im Sinne der beiden jährlichen Großveranstaltungen auf dem Nürburgring, nicht um der Eifel Willen und auch nicht in ausreichendem Maße. Die NSDAP sah keinen eigenen Nutzen in der Förderung des Eifeler Tourismusbetriebes. Der Nürburgring an sich war für sie ein Propagandamittel, kein „landschaftliches Zugstück"[194], das die wirtschaftliche Lage in der Hocheifel verbessern sollte. Der ursprüngliche Grundgedanke hinter dem Projekt von 1925 wurde in der NS-Zeit demnach vergessen und verfälscht. Diese These wird auch dadurch unterstützt, dass die Nationalsozialisten ausschließlich den Geschäftsmann Hans Weidenbrück als *Vater des Nürburgrings* stilisierten. Otto Creutz hingegen, dessen Hauptaugenmerk immer auf der Eifeler Bevölkerung und ihrer Wirtschaftslage lag, wurde nach seinem Selbstmord so gut wie aus der Geschichte des Nürburgrings verbannt.

Für ihre Anwohner war die *Grüne Hölle* letztendlich ein Segen – wenn auch ganz anders, als die Gründer es sich 1925 vorgestellt und ausgemalt hatten. Sie brachte den Adenauern keinen großen Reichtum und keinen florierenden, ganzjährigen Tourismus, dafür aber Hoffnung, wirtschaftliche Perspektiven und internationale Bekanntheit. Aus dem Nichts stand Adenau von nun an in einer Reihe mit Städten wie Indianapolis, Paris, Barcelona und Monza. Die Stadt in der Eifel war zu einem Zentrum des Motorsports geworden, auf das an Rennwochenenden unzählige Augen gerichtet waren. Quasi über Nacht war Adenau zu einem Ort von enormem nationalen Interesse geworden. Ohne den Nürburgring hätte der Kreis niemals eine solche öffentliche Aufmerksamkeit gehabt, wäre nach seiner Auflösung 1932 vielleicht sogar völlig in Vergessenheit geraten. Warum hätte man in einer der ärmsten Regionen des Deutschen Reiches Straßen sanieren, Bahnhöfe ausbauen und Tourismusbetriebe fördern sollen? In diesem Sinne hat die bloße Existenz des Nürburgrings den Menschen in seiner Umgebung geholfen, da er über die Jahre und die Regierungen hinweg immer wieder einen Grund zur Förderung der Hocheifel bot – und es bis heute tut. Denn, um es mit den Worten eines ehemaligen Geschäftsführers der Nürburgring GmbH zu sagen, wo „sich wirtschaftliche und sportliche Strukturen ändern, muß sich auch eine Rennstrecke immer wieder neu orientieren."[195] Der Nürburgring tut das, oder besser: Am Nürburgring tut man das.

---

194 Haffke: Nürburgring. S. 45.
195 Kafitz: Ziele. S. 17.

Streckenplan des Nürburgrings

Plan des Nürburgrings aus dem Jahre 1939[196]

---

[196] URL Quelle: www.grandprixhistory.org/images/ger4l.jpg (24.07.2014)

Karte Nürburgring und Zufahrtsstraßen

Der Nürburgring und die wichtigsten Orte für die Anfahrt[197]

---

197 URL Quelle: www.maps.google.de (selbst bearbeitet)

Archivalische Quellen aus dem Landeshauptarchiv Koblenz

Betrieb des Nürburgrings. 1925-1939, Bestand 441 Sachakte 34607.

Nürburgring (Plan, Bau, Betrieb). 1925-1947, Bestand 537,031 Sachakte 103.

Publizistisches Schriftgut. 1939-1959, Bestand 714 publ. Schriftgut 6912.

Publizistisches Schriftgut. 1927-1969, Bestand 714 publ. Schriftgut 1297.

Privatbriefe aus der Dienstzeit als Oberpräsident Korrespondenten Buchstabe C. 30.01.1925-03.03.1933, Bestand 700,040 Sachakte 7.

Verzeichnis der gedruckten Quellen und Literatur

Bastian, Till: Das Jahrhundert des Todes. Zur Psychologie von Gewaltbereitschaft und Massenmord im 20. Jahrhundert. Göttingen 2000.

Behrndt, Michael/Födisch, Jörg-Thomas: 75 Jahre Nürburgring. Eine Rennstrecke im Rückspiegel. Königswinter 2002.

Behrndt, Michael/Födisch, Jörg-Thomas: 80 Jahre Nürburgring. Chronik einer Rennstrecke. Königswinter 2007.

Behrndt, Michael/Födisch, Jörg-Thomas: Kleiner Kreis – Großer Ring. Adenau und der Bau des Nürburgrings. Köln 2010.

Behrndt, Michael/Födisch, Jörg-Thomas: Stille Eifel Schneller Ring. Der Nürburgring und seine Geschichte. Köln 2008.

Blum, Peter: Adenau am Nürburgring. Ein städtisches Gemeinwesen seit Jahrhunderten. Adenau 1952.

Blum, Peter: Wirtschaftsleben im Kreise Adenau. in: Scheben, Joseph (Hg.): Sonderwerk über Handel und Wandel im Kreise Adenau (Eifel) und „Nürburg-Ring". Düsseldorf 1925.

Bretz, Hans: Zehn Jahre Nürburgring-G.m.b.H. Europas schönste Renn- und Prüfungsstrecke – ein Zentralverkehrspunkt des Kreises Ahrweiler. in: Plachner, E. R. (Hg.): Jahrbuch des Kreises Ahrweiler 1938. Remagen 1938.

Broicher, Kurt u.a.: Heimatchronik des Kreises Ahrweiler. Köln 1968.

Bruppacher, Paul. Adolf Hitler und die Geschichte der NSDAP. Eine Chronik (Teil 1). Norderstedt 2008.

Delges, Severin Adolf: Die volkswirtschaftliche Bedeutung des „Nürburgrings". in: Rheinische Heimatblätter 1924. Zeitschrift des Vereins für Mosel, Hochwald und Hunsrück. 1924. S. 52-54.

Delges, Severin Adolf: Die Wohlfahrtspflege im Kreise Adenau. in: Scheben, Joseph (Hg.): Sonderwerk über Handel und Wandel im Kreise Adenau (Eifel) und „Nürburg-Ring". Düsseldorf 1925.

Ebert, Anne-Katrin: Radelnde Nationen. Die Geschichte des Fahrrads in Deutschland und den Niederlanden bis 1940. Frankfurt 2010.

Haffke, Jürgen: Der Nürburgring. Tourismus für Millionen. Bonn 2010.

Haffke, Jürgen: Vom „Rheinischen Sibirien" zum „Mythos Nürburgring". Tourismus für die Hocheifel 1820-2010. in: Graafen, Rainer (Hg.): Koblenzer geographisches Kolloquium. Koblenz 2011. S. 41-55.

Halling, Torsten: Die Wandervogelbewegung im Konflikt mit der Gesellschaft des Deutschen Kaiserreiches. München 2007.

Hochstetter, Dorothee: Nur eine Art ADAC? Das Nationalsozialistische Kraftfahrkorps (NSKK). in: Becker, Stephanie/Studt, Christoph (Hg.): Und sie werden nicht mehr frei sein ihr ganzes Leben. Funktion und Stellenwert der NSDAP, ihrer Gliederungen und angeschlossenen Verbände im Dritten Reich. Berlin 2012. S. 141-158.

Hornung, Thora: 50 Jahre Nürburgring. Kurvenlabyrinth für Könner. Koblenz 1977.

Junkernheinrich, Martin/Korioth, Stefan/Lenk, Thomas/Scheller, Henrik/Woisin, Matthias (Hg.): Jahrbuch für öffentliche Finanzen 2011. Berlin 2011.

Kafitz, Walter: Ziele bleiben, Wege ändern sich. in: Födisch, Jörg-Thomas (Hg.): Der Nürburgring. Daten – Fakten – Zahlen. Geschichte und Geschichten. Meckenheim 1996. S. 16-21.

Koll, Joseph: Die fremdenverkehrswirtschaftliche Bedeutung des Nürburgringes. in: Plachner, E. R. (Hg.): Jahrbuch des Kreises Ahrweiler 1939. Remagen 1939. S. 94-96.

Koll, Joseph: Landschaft am Nürburgring. in: Kreisverwaltung Ahrweiler (Hg.): Jahrbuch des Kreises Ahrweiler 1940. Koblenz 1940. S. 130-132.

Michels, Willi/Scheurer, Luki: Nürburgring. Jagdrevier der schnellen Männer. Koblenz 1979.

Niessen: Die Wirtschaftslage im Kreise Adenau. Adenau 1926.

O.V.: Internationales Eifelrennen 1937. in: Der Nürburgring. (1937) 1. S. 5-8.

O.V.: Rund um den Nürburgring. Tradition auf der Goldwaage. Das „Eifelrennen" in Gefahr. Was soll aus dem „Großen Preis von Deutschland" werden? in: Auto- und Motorradwelt + der Motorsport. 4 (1936) 5. S. 8-10.

Rausch, Jakob (Hg.): Heimatkunde des Kreises Ahrweiler. Ahrweiler 1958.

Rosemann, Ernst: Großer Preis von Deutschland – Schlacht der Entscheidung. in: Der Nürburgring. (1937) 1. S. 15-17.

Roth, Jürgen: Gangsterwirtschaft. Wie uns die organisierte Kriminalität aufkauft. Frankfurt a.M. 2010.

Scheurer, Luki: Der Nürburgring. Stationen einer Rennstrecke. in: Stadt Adenau (Hg.): 1000 Jahre Adenau. Adenau 1992. S. 209-216.

Schramm, Manuel: Konsum und regionale Identität in Sachsen 1890-2000. Die Regionalisierung von Konsumgütern im Spannungsfeld von Nationalisierung und Globalisierung. Stuttgart 2002.

Siepmann, Karl Egon: Vom kurkölnischen Amtssitz zur Rheinland-Pfälzischen Verbandsgemeinde. in: Stadt Adenau (Hg.): 1000 Jahre Adenau. Adenau 1992. S. 11-22.

Lightning Source UK Ltd.
Milton Keynes UK
UKHW011818250219
337978UK00001B/256/P